コジマ マユコ

サステナ片付けできるかな？

【1話】はじめまして

はじめまして！コジママユコといいます
このマンガが初連載の新人マンガ家です！
年下の夫と
郊外で2人暮らししています
ある日 私のところに1通のオファーが
「お家の中の小さい部分を片付ける」連載をやりませんか？
編集者のマツダさん
片付け…片付けか
どうしよう…
悩むのにはワケがあって
う～ん
ゴッチャリ…
そう 私は
ちゃんと片付けができないのだ
正確にいうと「たまにやるけど維持できない」
3日後…
子どもの頃から
姉の机
私の机
片付けのできる姉とは雲泥の差だった
片付けなさい!!
母
「片付け力」って生まれつきのものでは？
もういいや…
サーッ
入れたら片付けたことになる袋

…という感じでして…
できるかな〜と…
オンラインミーティング中
なるほど〜
片付けってコジマさんだけじゃなく
主婦の多くの方々も悩んでいるんですよね
片付けなきゃ！と思うものの
インスタグラマーのお家はキレイだし比べてしまう…
何をすればいいかわからなくて苦手意識のある方は多いんです
そうなんです
片付けなきゃとは思うんですが…
正直「片付けたい」とは思わなくて…
気が重い
アハハそうですよね〜！
でも実は
片付けって「キレイにすること」がゴールじゃないんです
えっ
自分にとって持続可能《サステナブル》なルールを決めること
なんですよ
お…おお
ルール！

そう！お家に不快な場所がなくなってその状態を維持すること
それがお片付けの目指すゴールです
な…なるほど!!
まぁ…途中心が折れることもあるかもしれませんが…
片付け途中で寝込む方もいらっしゃいます…
ひ～
でも！
それこそ そもそも私ができないやつでは!?
伴走しますのでがんばりましょう！
！
わ…私にできるんでしょうか…
大丈夫！
これは
片付けられないまま大人になってしまった私の
お片付けにはポイントがあるんです
ポイントをおさえつつ小さくて簡単な部分から大きくて難しい部分へステップアップしていきましょう
成長（できればいいな）の実録物語——
できるのか…!?

Character

コジマさん（作者）

このマンガの主人公。
幼い頃から「片付け」と「怒られ」がセット。たまに思い立ってレモネードを手作りするが別に丁寧な暮らしびとではない。

夫

見た目はうさぎだが富士山に登ったりする。妻に触発されて片付けを一緒にがんばる。集中しすぎるとゾーンに入りがち。

マツダさん

本作担当編集者。
整理収納アドバイザーの資格あり。雑誌『レタスクラブ』の元編集長なので片付けネタに強い。

Contents もくじ

ゴチャー！

サステナ片付けとは…

片付け直後だけじゃなく、
きれいな状態をずっとキープすること
そのために、自分にとって持続可能＝「サステナ」な
片付けのゴールを決めること

【2話】片付けの基本は「箱」！乾物入れをサステナする

Episode 2

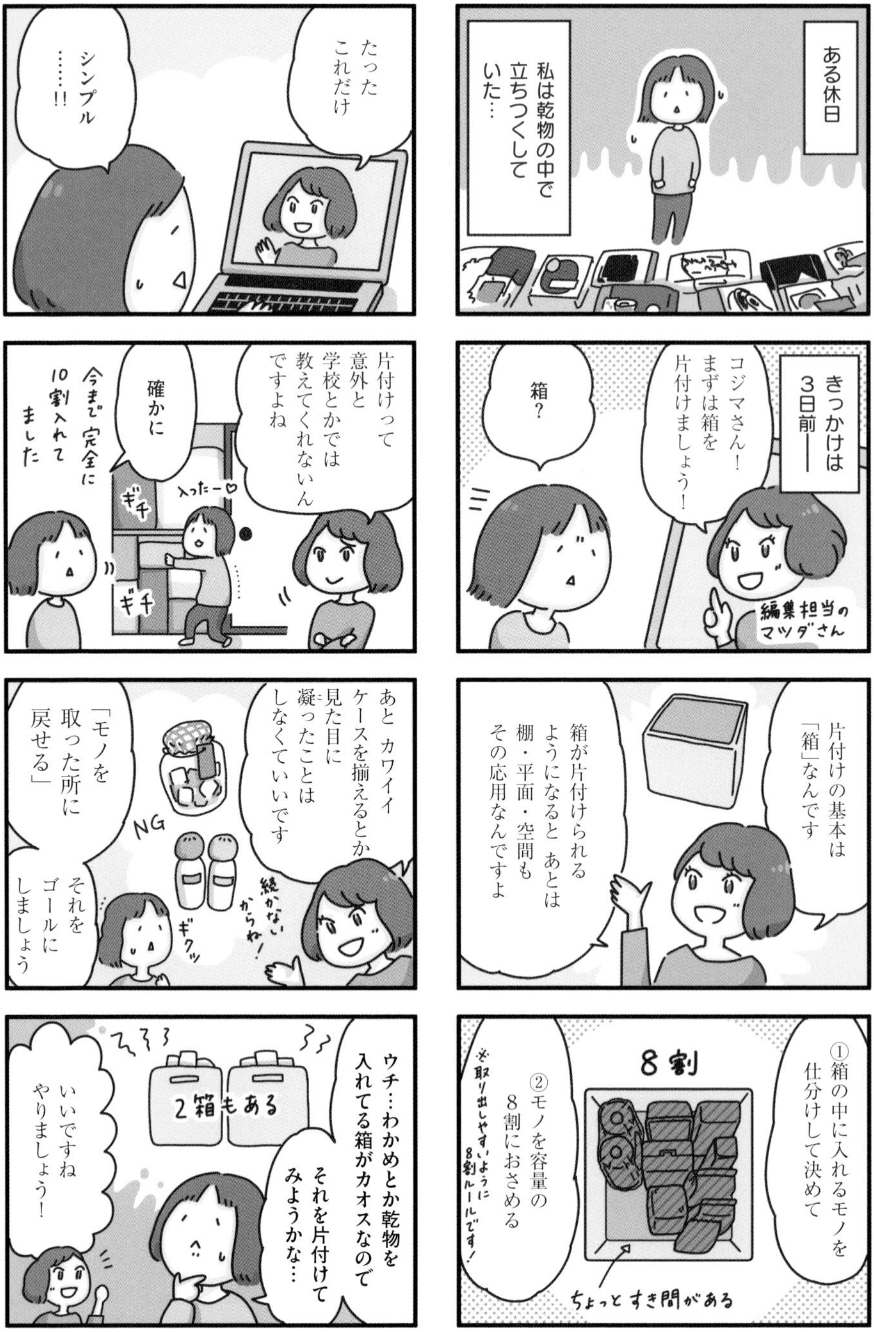
ある休日
私は乾物の中で立ちつくしていた…
きっかけは3日前――
コジマさん！まずは箱を片付けましょう！
箱？
編集担当のマツダさん
片付けの基本は「箱」なんです
箱が片付けられるようになると あとは棚・平面・空間もその応用なんですよ
8割
①箱の中に入れるモノを仕分けして決めて
②モノを容量の8割におさめる
※取り出しやすいように8割ルールです！
ちょっとすき間がある
たったこれだけ
シンプル……!!
片付けって意外と学校とかでは教えてくれないんですよね
確かに
今まで完全に10割入れてました
入ったー♡
ギチ
ギチ
あと カワイイケースを揃えるとか見た目に凝ったことはしなくていいです
NG
続かないからね！
ギクッ
「モノを取った所に戻せる」
それをゴールにしましょう
ウチ…わかめとか乾物を入れてる箱がカオスなので
それを片付けてみようかな…
2箱もある
いいですねやりましょう！

そして休日の朝
やるか…
緊張してなんか早く目がさめた…
あっ
酒器
過去1年使ってないとっくり…!!
まずは新聞やレジャーシートをしいて中のモノを全部並べてみましょう
何があるかフカンで見るのが大事
こ…これは
永《なが》谷《たに》園《えん》のオマケの東《とう》海《かい》道《どう》五《ご》十《じゅう》三《さん》次《つぎ》カード
お茶づけのりは食べた
かつおぶし…
お味噌汁…
スイ
スイ
マイルド
減塩
ラップ…
食べ物とラップを一緒に入れてたんだな…
しらなかった…
切り餅
アルミホイル
サランラップ
たった2箱にこんなに入っていたとは…

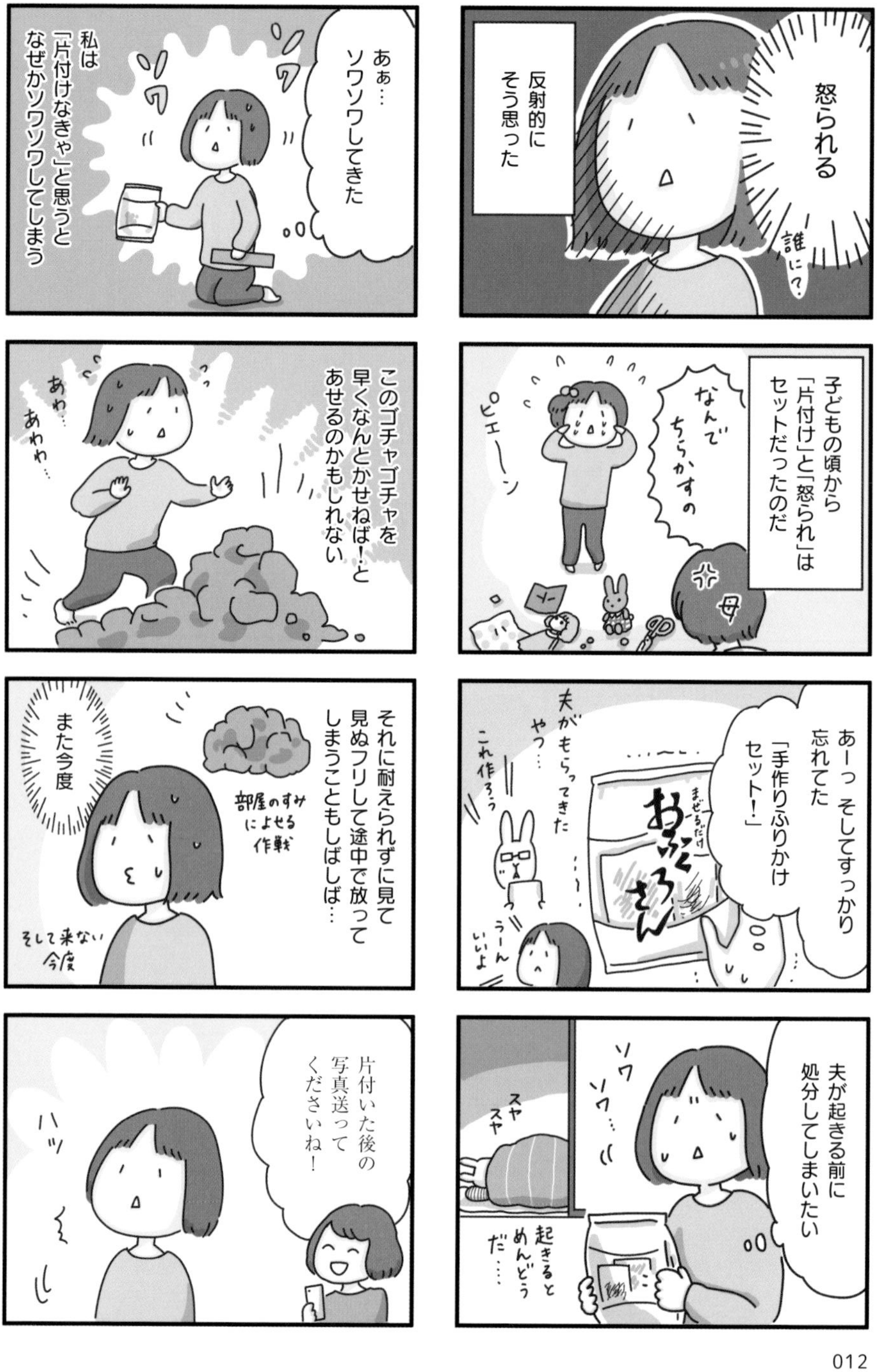
怒られる
誰に？
反射的に
そう思った
あぁ…
ソワソワしてきた
ソワ
ソワ
私は
「片付けなきゃ」と思うと
なぜかソワソワしてしまう
子どもの頃から
「片付け」と「怒られ」は
セットだったのだ
なんで
ちらかすの
ピエーン
母
このゴチャゴチャを
早くなんとかせねば！と
あせるのかもしれない
あわ…
あわわ…
あーっ そしてすっかり
忘れてた
「手作りふりかけ
セット！」
夫がもらってきた
やつ…
これ作ろう
うーん
いいよ
まぜるだけ
おふくろさん
それに耐えられずに見て
見ぬフリして途中で放って
しまうこともしばしば…
また今度
部屋のすみ
によせる
作戦
そして来ない
今度
夫が起きる前に
処分してしまいたい
ソワ
ソワ…
スヤ
スヤ
起きると
めんどう
だ…
片付いた後の
写真送って
くださいね！
ハッ

そうだ…報告しないとだった
ふ〜
ふりかけは保留で…
なんとか気を落ちつかせて
④食べもの
カットわかめ
切り餅
焼のり
あさげ
ごはん
マイルド
塩こんぶ
むぎ茶
などなど
仕分けをしてみた
①まず処分するもの
古い方の塩こんぶ（2コあった）
永谷園おまけのカード
食べなかった即席めん
⑤食べられないもの
キッチンペーパー
アルミホイル
50m
ストッキングネット
油処理パッド
PAPER DISH
②ここになくてもいいもの
今は使ってないもの
使う頻度が低いもの
箸
う〜ん ホコリっぽい…
洗いたいけど
今はとりあえずしまおう
タッパー
片付け中はほかの作業をしないこともポイント！
③ほかに置き場所があるもの
別の引き出しにしまった
おてふき
コースター
何か月も置きっぱなしで「無」になってたモノたちが
使うゾーン
無
こんなにいたのね…
重いと思ってた…
②の「ここになくてもいいもの」はキッチンの引き出しに

2箱を
④「食べもの」と
⑤「食べられないもの」で
分けることに
あー 8割より ちょっと 多いかも
おモチは 引き出しに 移そう
ふだん 食べないから…
パーーーン
食べられないもの
食べもの
わかめ
マイルド
まだ多いかな? ギリ8割くらいかな?
できた… のか?
お
やっとる なー…
こんなのあったん だけど…(いらないよね?)
一応きく
おお! あったな…
いる? (いらないよね?)
うーん まだ全然 食べられるやん
そっか… (ダメか…)
今夜!! 今夜それ作ろ!
今日やらなかったら やらないから!
おぉ えぇで
2箱を 「食べもの」と 「食べられないもの」で 分けたのよ
おう!
買いもの中
取り出したものをちゃんと 元に戻せるように なるのがゴールだって
なるほどなー
あ
こっちが 「食べもの」っと…
ただいま~
ふ~
ボスッ
ボス
増えた…
そうか 増えることも あるのか…
とりあえず 最初の片付けは 終わった…
このまま 保てるの だろうか!?
せっかくの 8割が…
つづく…

【3話】部屋で放置されがちな「一時物入れ」をサステナする

Episode 3

今日は
「一時物入れ」を片付けます
「一時物入れ」とは?
カバンなどの使用頻度が高いモノを入れてある箱です
すぐ取り出せる!
まぁ…一時的じゃないモノも見える…
いざ!!
中身を把握!!
とりあえず前回のように並べて…
カバン
カバン…
お…
おお!?
これは
夫の賞状…
仕事の資格を取った時の
あれは去年の引っこしの時――
賞状とりあえずココに入れて運ぶよー
おう

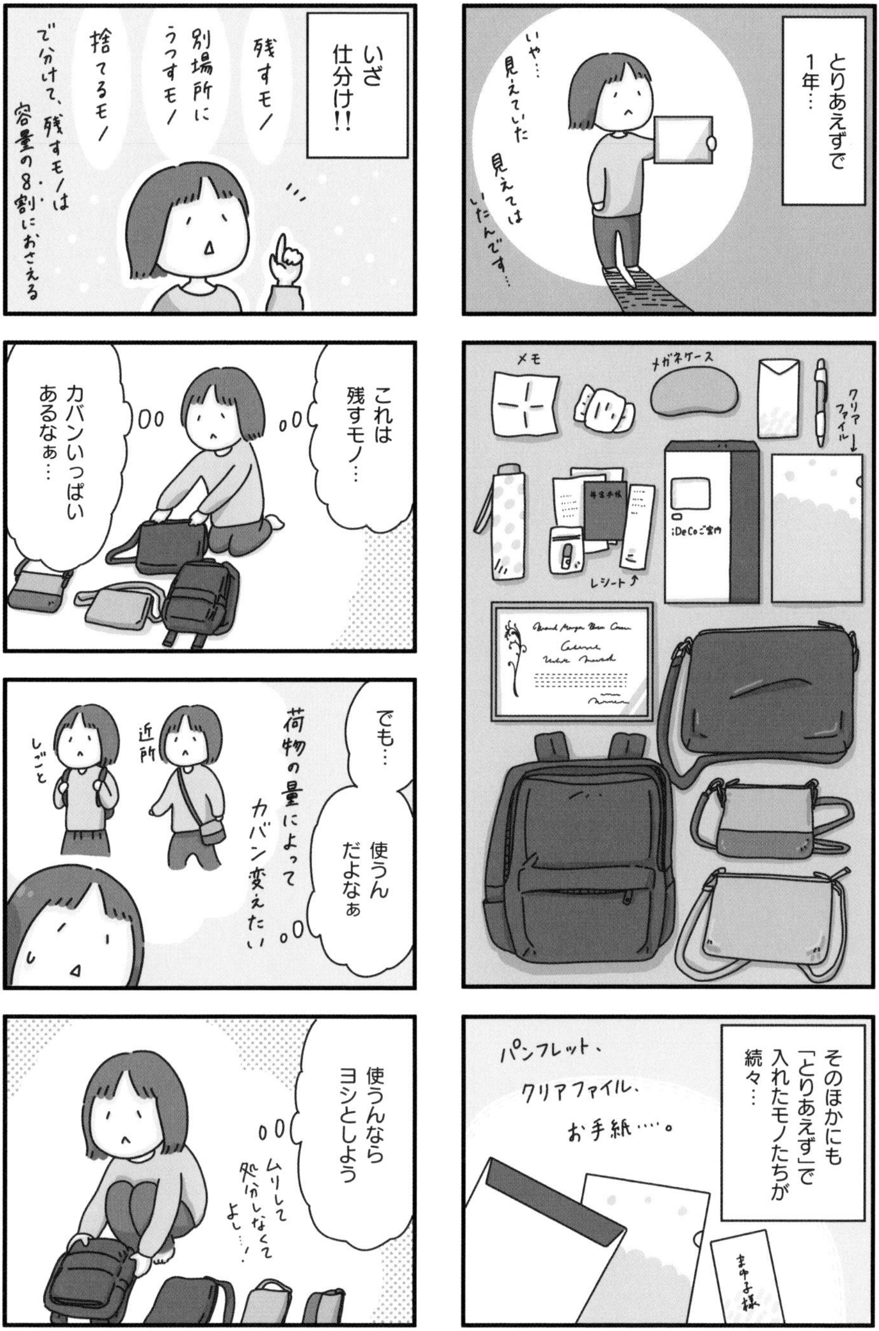
とりあえずで
1年…
いや…
見えていた
見えてはいたんです…
メモ
メガネケース
クリアファイル
iDeCoご案内
レシート
そのほかにも
「とりあえず」で
入れたモノたちが
続々…
パンフレット、
クリアファイル、
お手紙…。
まゆ子様
いざ
仕分け!!
残すモノ/
別場所に
うつすモノ/
捨てるモノ/
で分けて、残すモノ/は
容量の8割におさえる
これは
残すモノ…
カバンいっぱい
あるなぁ…
でも…
しごと
近所
使うん
だよなぁ
荷物の量によって
カバン変えたい
使うんなら
ヨシとしよう
ムリして
処分しなくて
よし…!

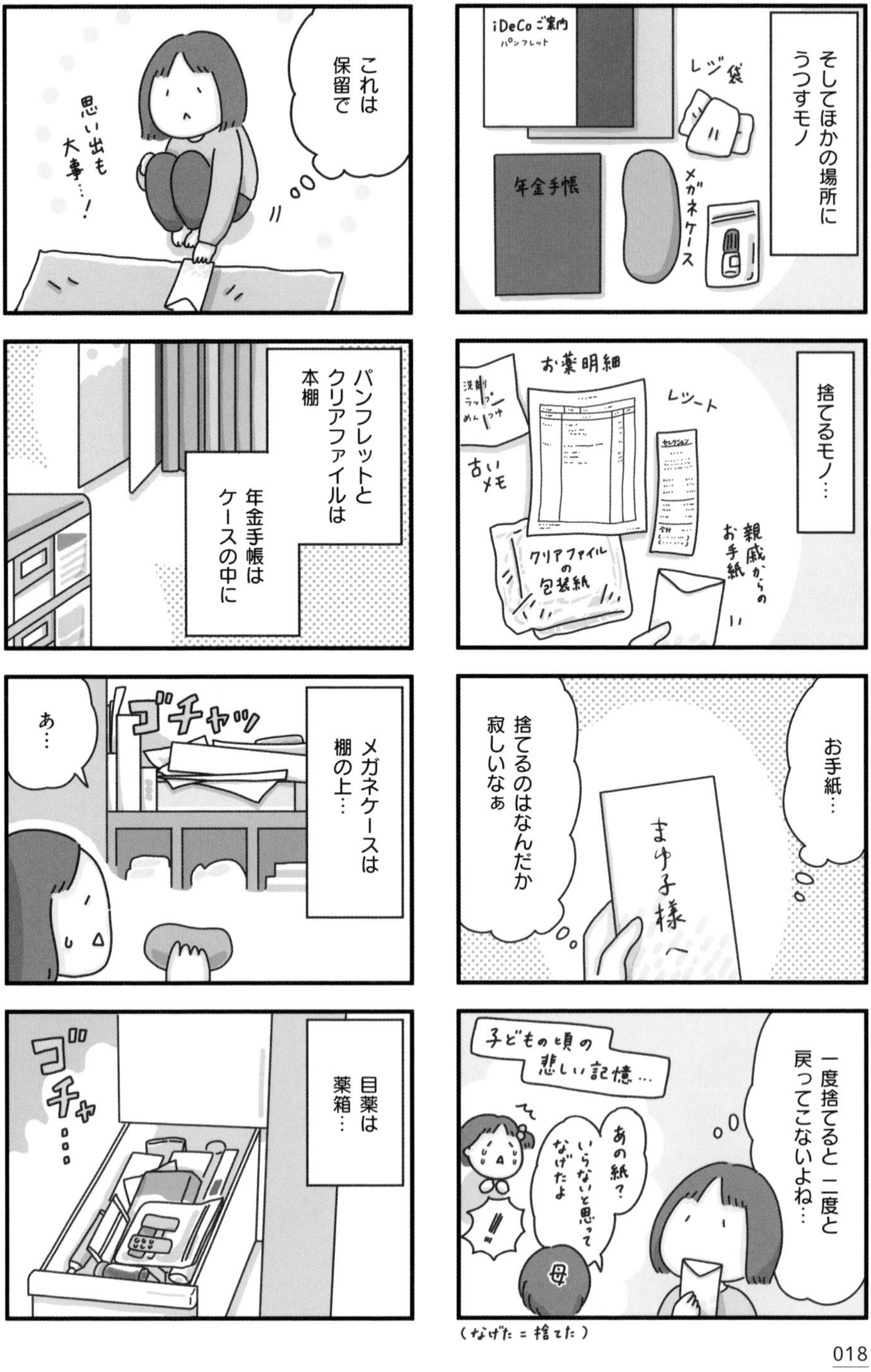

そしてほかの場所にうつすモノ
iDeCoご案内
パンフレット
レジ袋
年金手帳
メガネケース
捨てるモノ…
お薬明細
洗剤
ラップ
めんつゆ
古いメモ
レシート
セレクション
クリアファイルの包装紙
親戚からのお手紙
お手紙…
まゆ子様へ
捨てるのはなんだか寂しいなぁ
一度捨てると二度と戻ってこないよね…
子どもの頃の悲しい記憶…
あの紙?
いらないと思ってなげたよ
母
これは保留で
思い出も大事…!
パンフレットとクリアファイルは本棚
年金手帳はケースの中に
メガネケースは棚の上…
ゴチャッ
あ…
目薬は薬箱…
ゴチャ…

(なげた=捨てた)

戻す所がそもそも汚い…
これはここも片付けしないとダメなやつ…!?
詰んだ…
保留の山
あれっ…
今まで見ないフリしてたけど
部屋の中にたくさん…
「保留の山」がある…
私は今まで
この山の谷間で暮らしていたのか…
保留
保留
うっ…
うぅ…
うっ…
急に現実が…
よしっ
こんな時は
休憩だ
1時間ほど無心でお茶を飲みました

よしっ 一個一個
やるしかないな!!
戻す場所自体がごちゃついていて気になるけどひとまず戻して
キリがないからまた…!!
賞状は壁へ
お手紙は迷ったけど
読み返してお別れすることに
ありがとう…
編集マツダさん
こういう時はスマホで写真に撮っておくといいですよ!
できた!!
スッキリ…
手入れが行き届いてない所って
ふー!
どう整理したらいいか気持ちの上でも決まってないんだな…
まだまだ
保留の山脈に暮らす我が家です

【4話】なぜか3か所もある「薬箱」をサステナする

Episode 4

今回は
「薬箱」を片付けます
いざ
オープン!!
レジ袋
我が家の薬箱はややこしくて…
スッ
いつものように並べて中身を把握していきます
サッ
サッ
だいぶ手際よくなった…
ドーン
4段ケース!!
1段目はレジ袋入れ
お店でもらった袋を生ゴミ捨てる時などに使う…
のうち2段が薬箱になっているのです
袋類
薬
薬
スプレー類
今日はこのケース全部を片付けていきます!
ん
これは?

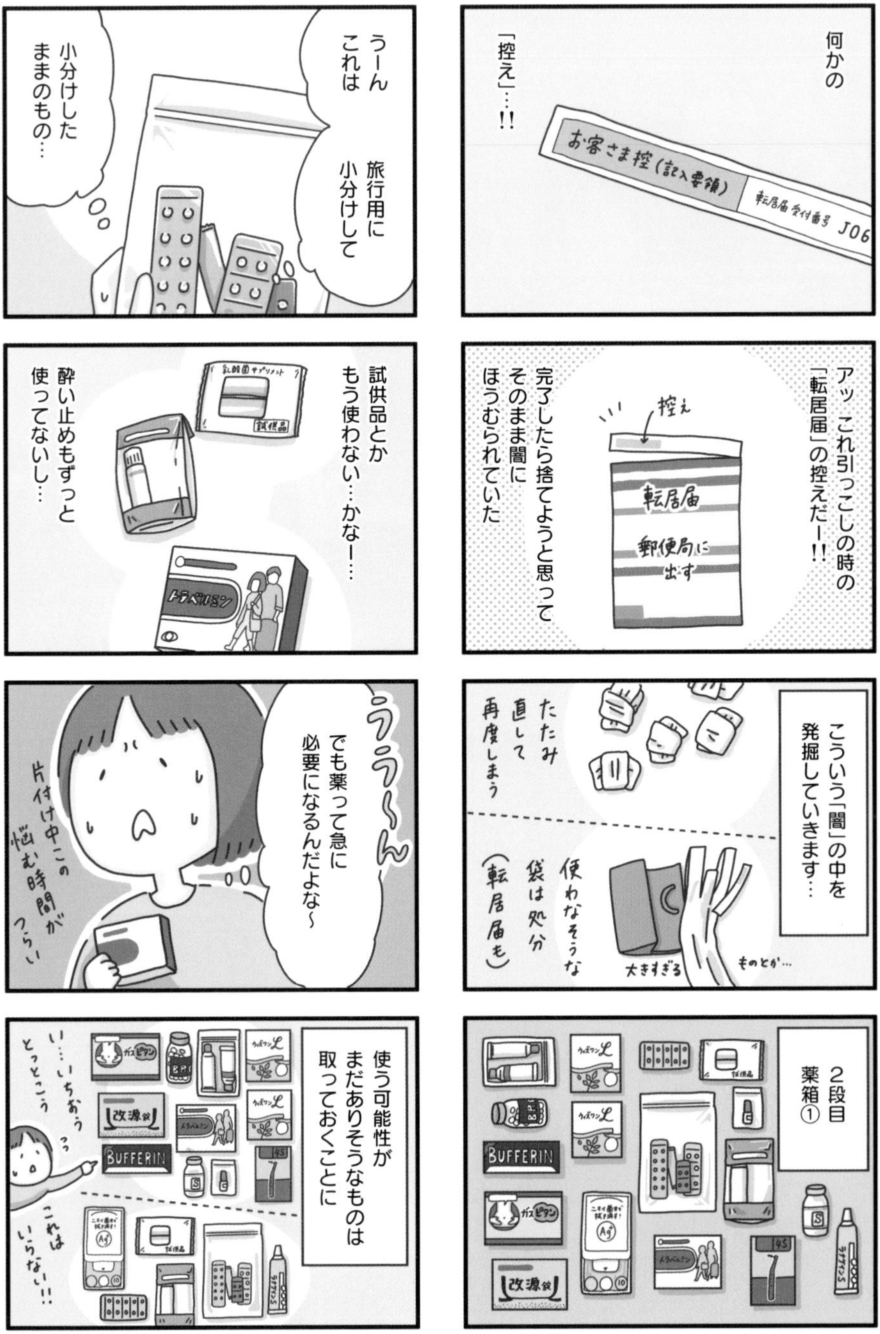
何かの
「控え」…!!
お客さま控(記入要領)
転居届受付番号 J06
アッ これ引っこしの時の「転居届」の控えだー!!
完了したら捨てようと思ってそのまま闇にほうむられていた
控え
転居届
郵便局に出す
こういう「闇」の中を発掘していきます…
たたみ直して再度しまう
使わなそうな袋は処分(転居届も)
大きすぎる
ものとか…
2段目 薬箱①
BUFFERIN
改源錠
うーん これは
旅行用に小分けして
小分けしたままのもの…
試供品とかもう使わない…かなー…
酔い止めもずっと使ってないし…
試供品
ううーん
でも薬って急に必要になるんだよな~
片付け中この悩む時間がつらい
使う可能性がまだありそうなものは取っておくことに
い…いちおうとっとこう
これはいらない!!
BUFFERIN
改源錠

3段目
薬箱②
薬の多い家です…
熱さまシート
コンバット
!
このチョコラBB
肌あれ
口内炎に…
Chocola BB
チョコラBB
日付けが
10年前
2010.7
口内炎できちゃった〜
← 24才の私
スッ…
いらないゾーン
淡々と仕分けをし
とっておく
処分
使ってないモノ/
古いモノ/…
発掘は続いていく…

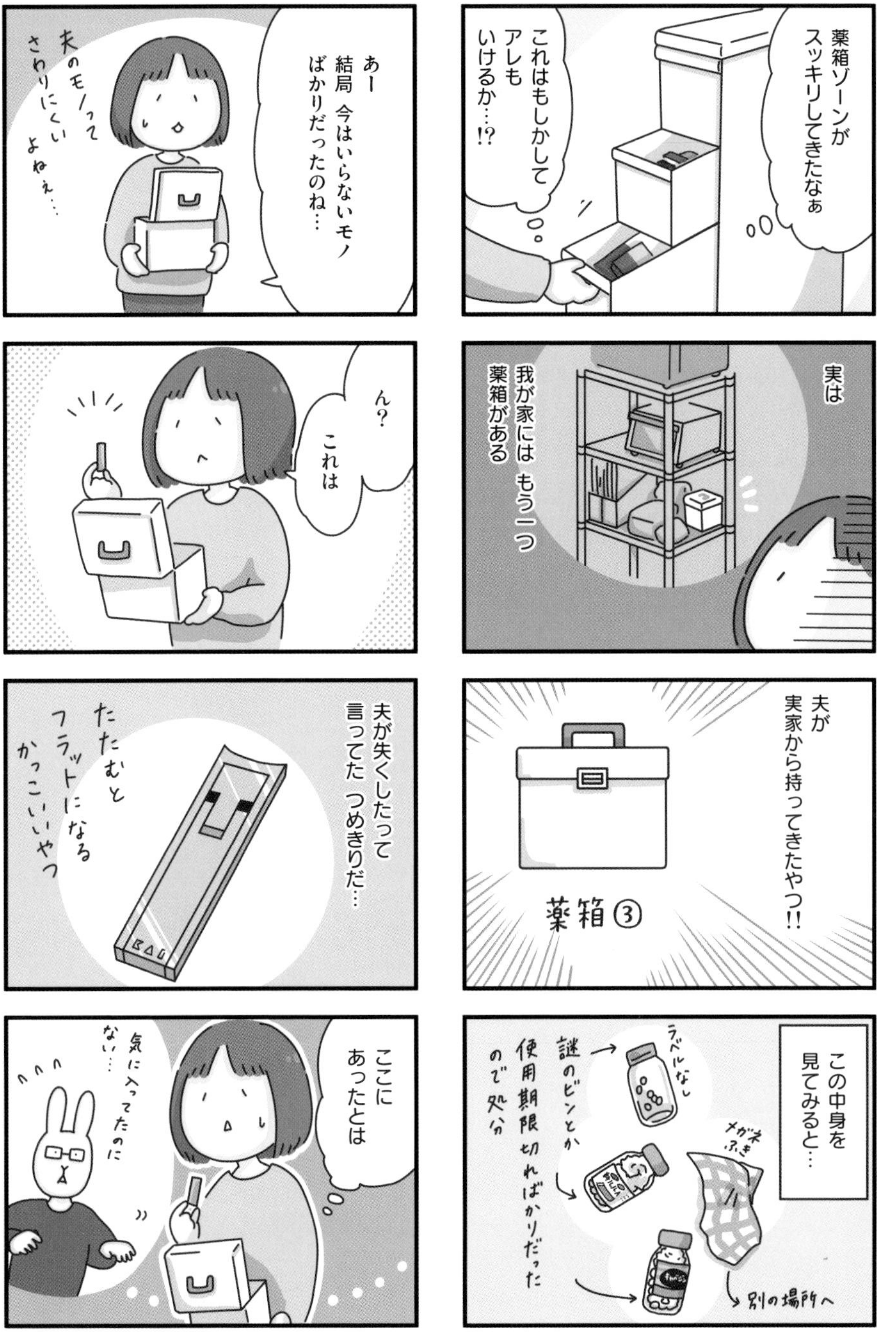
薬箱ゾーンが スッキリしてきたなぁ
これはもしかして アレも いけるか…!?
実は
我が家には もう一つ 薬箱がある
夫が 実家から持ってきたやつ!!
薬箱③
この中身を 見てみると…
ラベルなし
謎のビンとか
使用期限切ればかりだったので処分
メガネふき
別の場所へ
あー 結局 今はいらないモノ ばかりだったのね…
夫のモノって さわりにくいよねぇ…
ん?
これは
夫が失くしたって 言ってた つめきりだ…
たたむと フラットになる かっこいいやつ
ここに あったとは
気に入ってたのに ない…

4段目
スプレー類
カーペットクリーナー 粘着テープ
スプレーのガスぬくやつ
重ソウ
洗濯ネット
キッチンハイター
今までどおり
使ってないものを
仕分けて…
スプレーの説明書いらないなぁ
よしっ
別の棚へ
取っておくもの
3段目の重ソウもこっちに
処分
使ってない洗濯ネット
8割キープ!
ただいまー
おかえりー
そうだ つめきり
見つかったよ
おおおおー!!
これ あったんかー!!
実家から
持ってきた
薬箱の
方に
マジか
ありがとう!
たたんでフラットになるところがいいんや…
磨いてやらな…
発掘できて
良かった…
子供のようだ…
今日の片付けは
タイムカプセル
気分も味わえた
なぁ…

大学に変わった人がいるな
若い頃の夫

子どもの頃は
1つ買ったら
1つ捨てなさい
片付かないでしょ!
まんが
少女まんが
「モノをいっぱい
持つ」のが夢だった
いやだ…
大人になったら…
カワイイもので
いっぱいの
大人(イメージ)
ステキな家に
住むんだ…♡
いざ大人に
なったら
ゴチャ…
一人暮らしの城が
モノをいっぱい
管理するのって
考えるのをやめよう
大変
ですね♡

【5話】
お仕事部屋は
思い出がいっぱいでしんどい

Episode 5

2020年
年末――
今年も終わりか…
私は考えていた
保留にするのは「5つまで」って大事ですね
そうそう
年末だし作業部屋の大掃除をしようかと…
まとめて処分を…
いいですねー!
編集のマツダさん
5つに絞らないとだいたい保留になって片付けが進みません!!
ドン!
容~易に想像できます
モノをまとめて処分する際のポイントは3つ
①まずは強い意志を持つこと!
お…おう
そして――
いざ
歳末大処分市
②どうしても決めかねるものは5つ以内に絞り 数日見えない所に置いておきます
でやはり救いたいものだけ救います
③まだ使えるものはフリマアプリに出したり寄付したりしましょう!
保留
モチャ…

…の前に
大処分市へ至る道を
片付けるところから…!!
なんか…
たたみ
たたみ…
つらい…!!
これは片付けべたの住人あるあるだと思うのですが
お片付けをしようとするとなんだか不安定になってしまうのです
スヤー
何も考えずにゴチャゴチャの部屋で寝たい…
期待したってどうせ上手くいかない…みたいなイメージがあり
キラキラな人
どうせあんたムリでしょ…
今までムリだったでしょ…
汚
今さら片付けたってちゃんとした人にはなれないのに
突然はじまる自己否定
うう
うう
休憩をはさみつつ

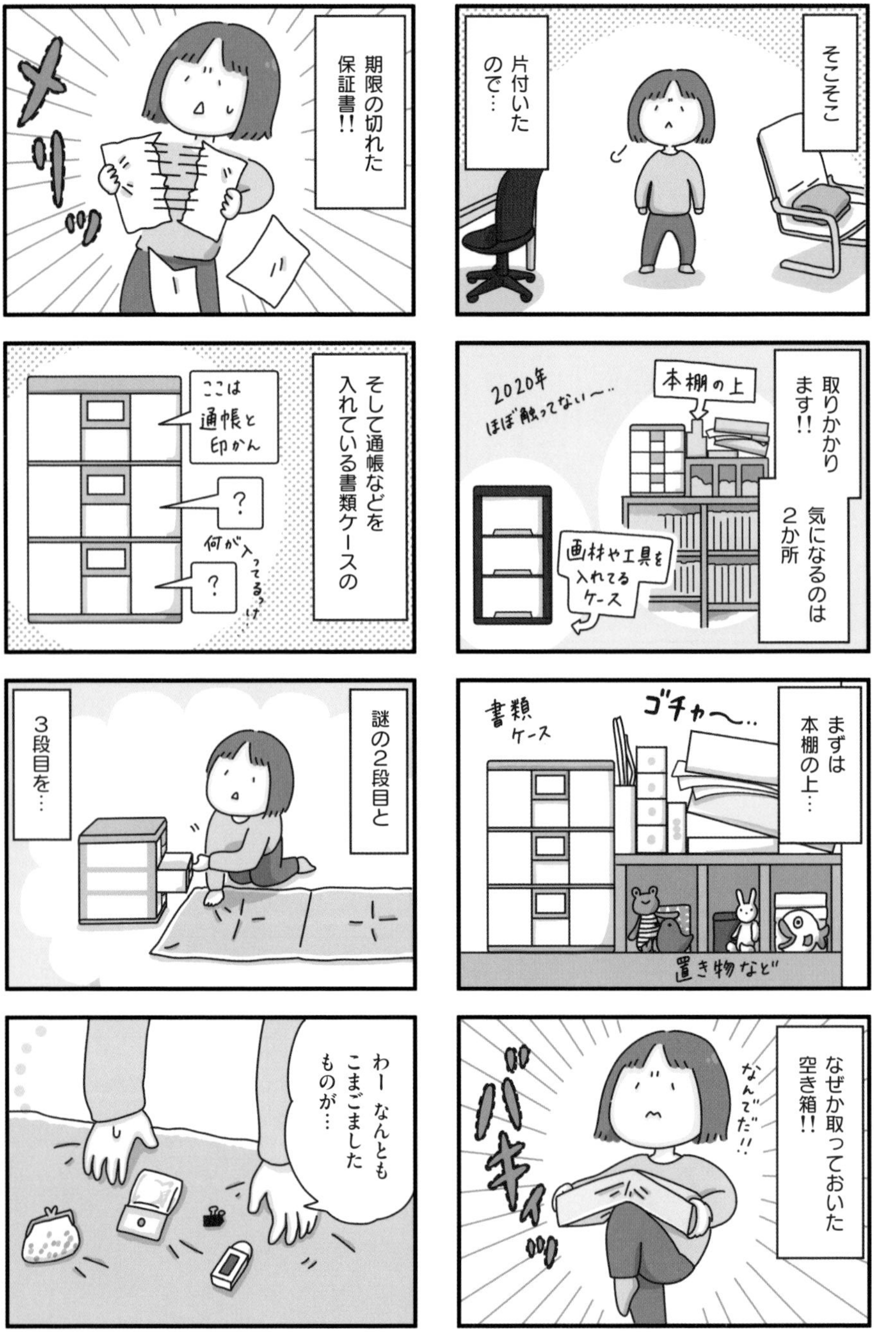
そこそこ
片付いたので…
取りかかります!!
気になるのは2か所
2020年 ほぼ触ってない〜…
本棚の上
画材や工具を入れてるケース
まずは本棚の上…
ゴチャ〜…
書類ケース
置き物など
なぜか取っておいた空き箱!!
なんでだ!!
期限の切れた保証書!!
メリッ
そして通帳などを入れている書類ケースの
ここは通帳と印かん
?
?
何が入ってるっけ…
謎の2段目と
3段目を…
わー なんとも こまごましたものが…

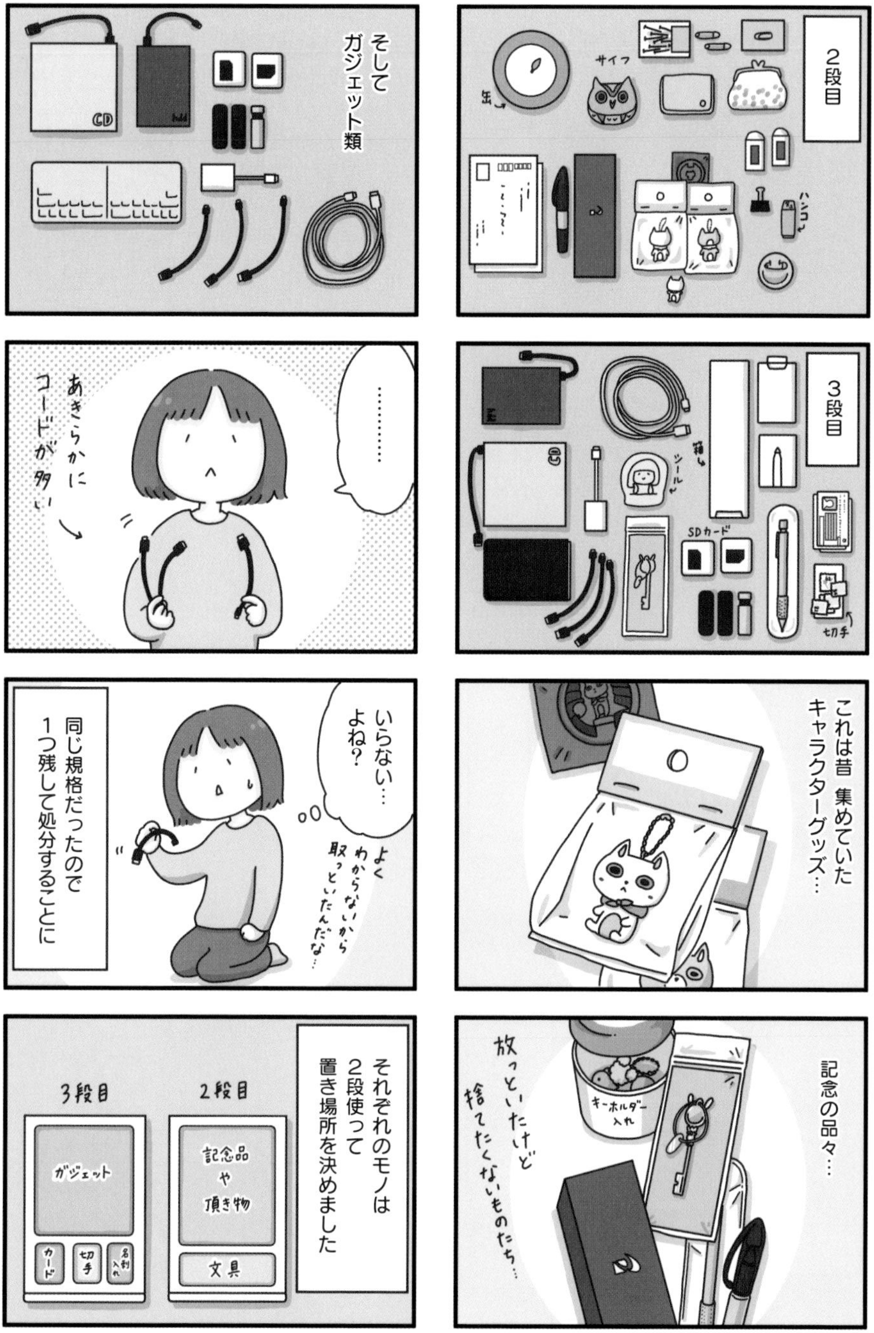
2段目
缶
サイフ
ハンコ
3段目
箱
シール
SDカード
切手
これは昔 集めていたキャラクターグッズ…
記念の品々…
放っといたけど捨てたくないものたち…
キーホルダー入れ
そしてガジェット類
CD
………
あきらかにコードが多い
いらない…よね?
よくわからないから取っといたんだな…
同じ規格だったので1つ残して処分することに
それぞれのモノは2段使って置き場所を決めました
2段目
記念品や頂き物
文具
3段目
ガジェット
カード
切手
名刺入れ

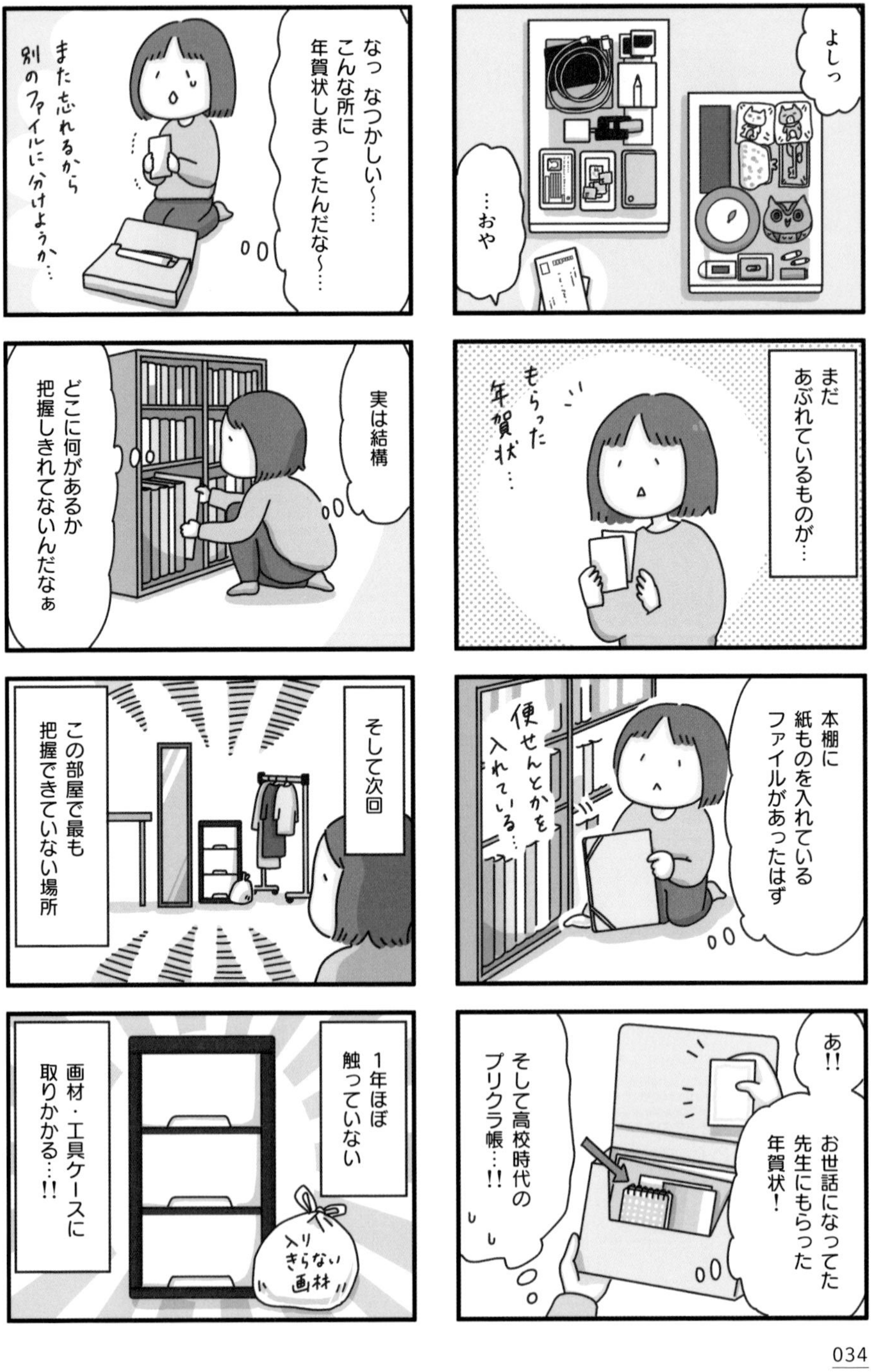
よしっ
…おや
まだあぶれているものが…
もらった年賀状…
本棚に紙ものを入れているファイルがあったはず
便せんとかを入れている…
あ!!
お世話になってた先生にもらった年賀状!
そして高校時代のプリクラ帳…!!
なっ なつかしい〜…
こんな所に年賀状しまってたんだな〜…
また忘れるから別のファイルに分けようか…
実は結構
どこに何があるか把握しきれてないんだなぁ
そして次回
この部屋で最も把握できていない場所
1年ほぼ触っていない
画材・工具ケースに取りかかる…!!
入りきらない画材

【6話】見違えるほどスッキリ！「画材・工具箱」をサステナする

Episode 6

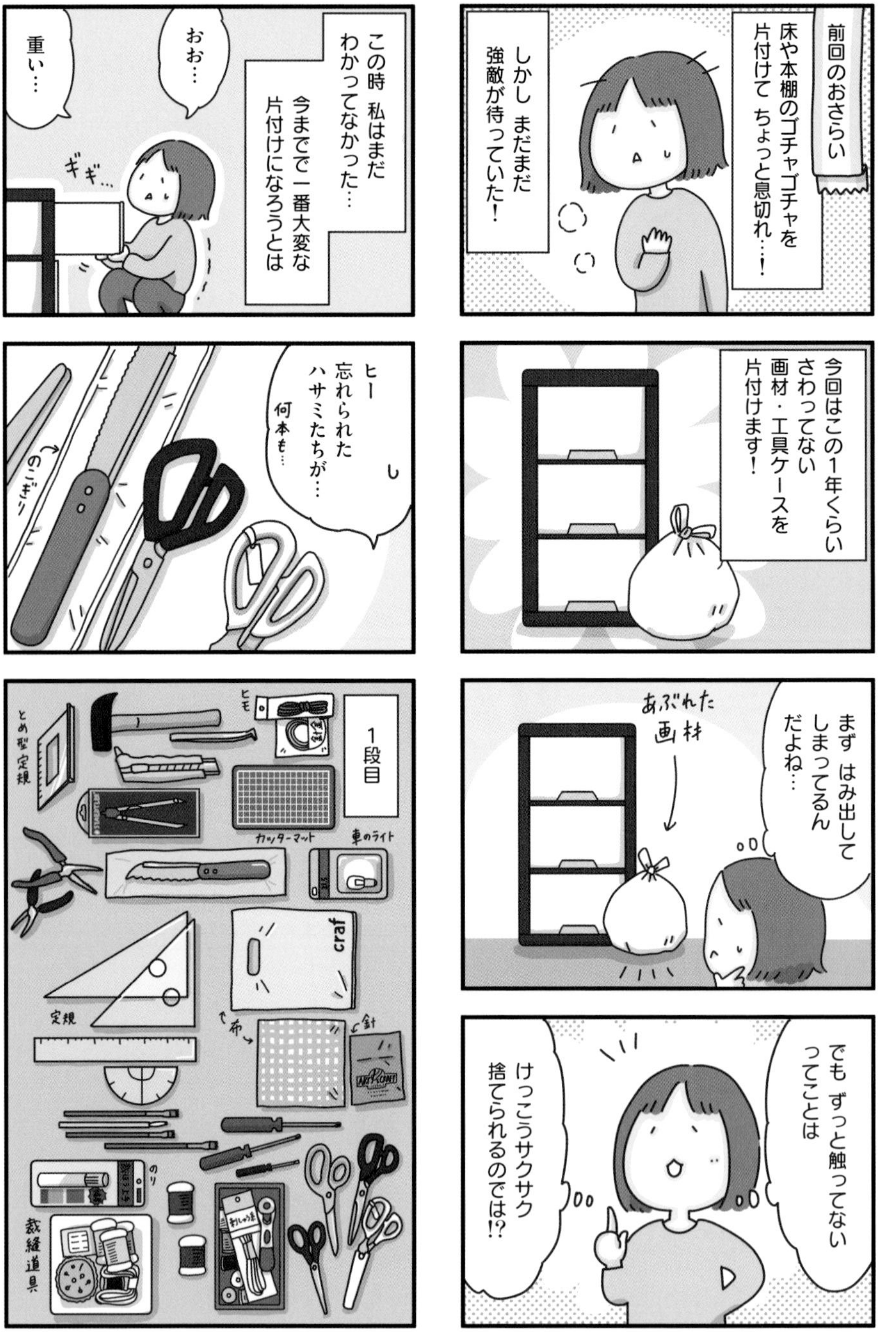

前回のおさらい
床や本棚のゴチャゴチャを片付けて ちょっと息切れ…!
しかし まだまだ強敵が待っていた!
今回はこの1年くらいさわってない画材・工具ケースを片付けます!
まず はみ出してしまってるんだよね…
あぶれた画材
でも ずっと触ってないってことは
けっこうサクサク捨てられるのでは!?
この時 私はまだわかってなかった…
今までで一番大変な片付けになろうとは
おお…
重い…
ギギ…
ヒー
忘れられたハサミたちが…
何本も…
のこぎり
1段目
ヒモ
とめ型定規
カッターマット
車のライト
craf
定規
布
針
のり
裁縫道具

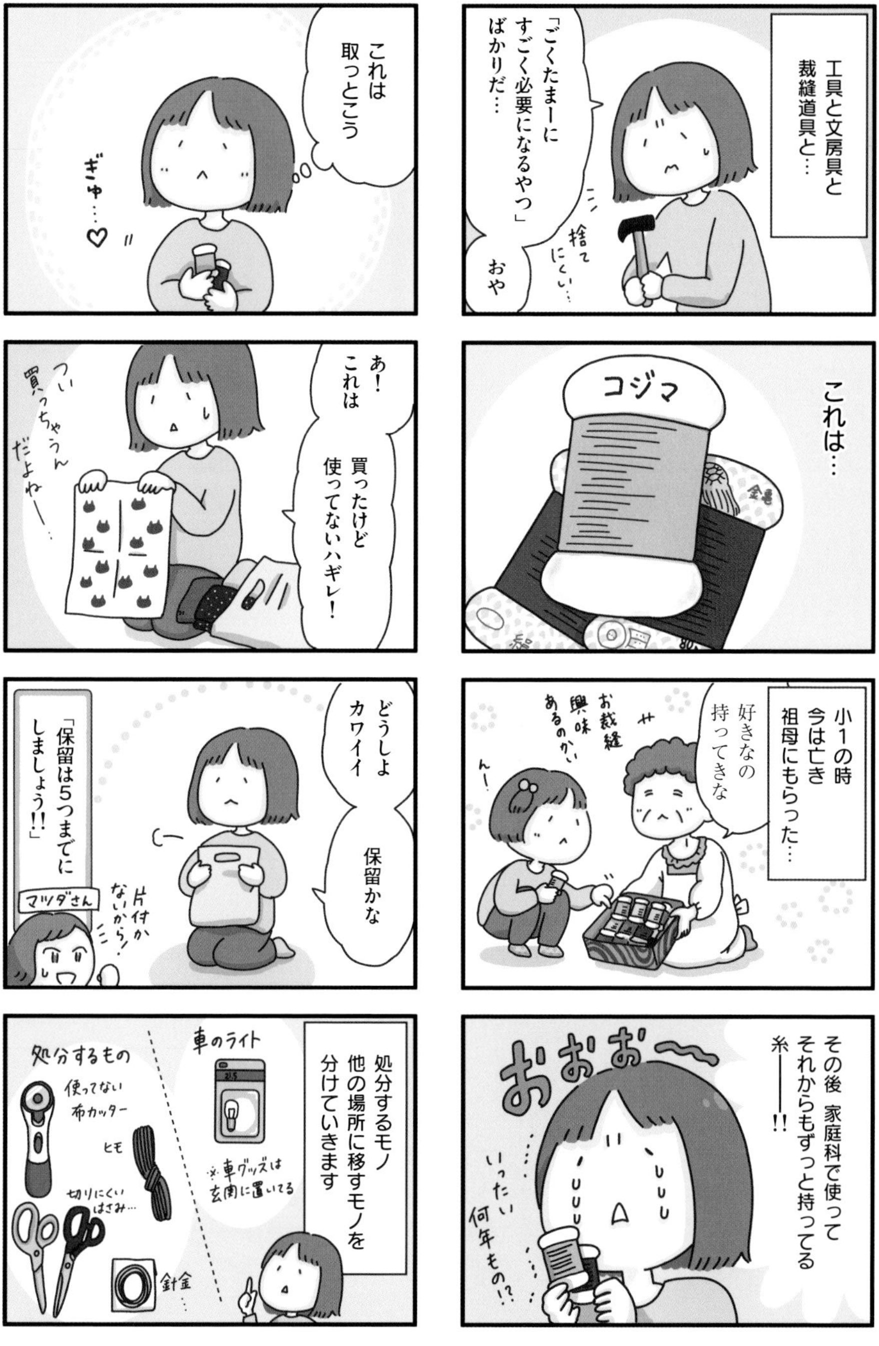
工具と文房具と裁縫道具と…
「ごくたまーにすごく必要になるやつ」ばかりだ…
捨てにくい…
おや
これは…
コジマ
小1の時 今は亡き祖母にもらった…
好きなの持ってきな
お裁縫興味あるのかい
ん！
その後 家庭科で使ってそれからもずっと持ってる糸——!!
おおお〜
いったい何年もの!?
これは取っとこう
ぎゅ…♡
あ！これは 買ったけど使ってないハギレ！
つい買っちゃうんだよね〜…
どうしよ カワイイ
保留かな
「保留は5つまでにしましょう!!」
マツダさん
片付かないから！
処分するモノ 他の場所に移すモノを分けていきます
処分するもの
使ってない布カッター
ヒモ
切りにくいはさみ…
針金…
車のライト
※車グッズは玄関に置いてる

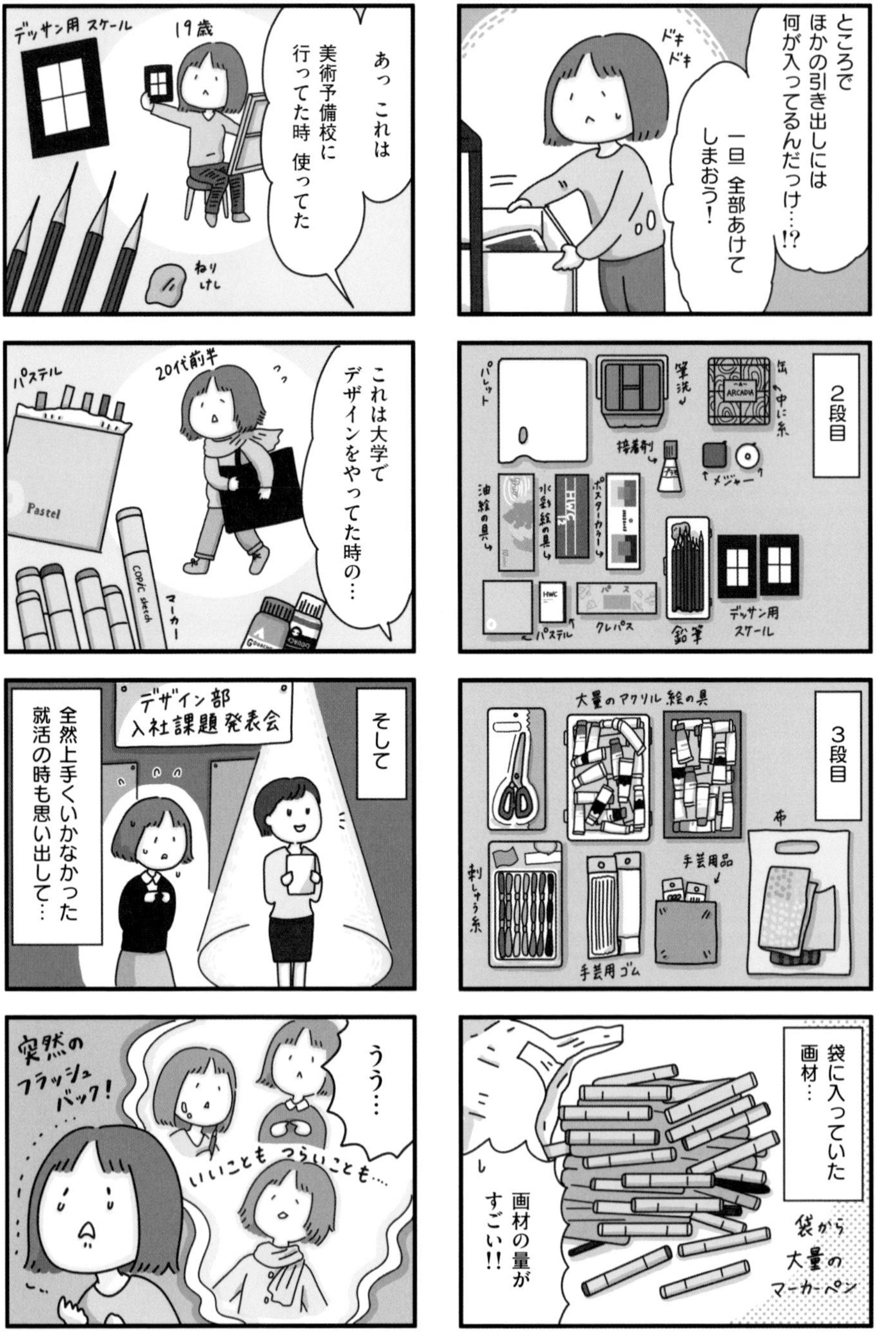
ドキドキ
ところで ほかの引き出しには何が入ってるんだっけ…!?
一旦 全部あけてしまおう!
2段目
パレット
筆洗
缶
中に糸
ARCADIA
接着剤
メジャー
油絵の具
水彩絵の具
ポスターカラー
パステル
クレパス
鉛筆
デッサン用スケール
3段目
大量のアクリル絵の具
布
刺しゅう糸
手芸用品
手芸用ゴム
袋に入っていた画材…
袋から大量のマーカーペン
画材の量がすごい!!
デッサン用スケール
19歳
あっ これは美術予備校に行ってた時 使ってた
ねりけし
パステル
20代前半
これはデザインをやってた時の…
Pastel
COPIC sketch
マーカー
デザイン部 入社課題発表会
そして
全然上手くいかなかった就活の時も思い出して…
突然のフラッシュバック!
うう…
いいことも つらいことも…

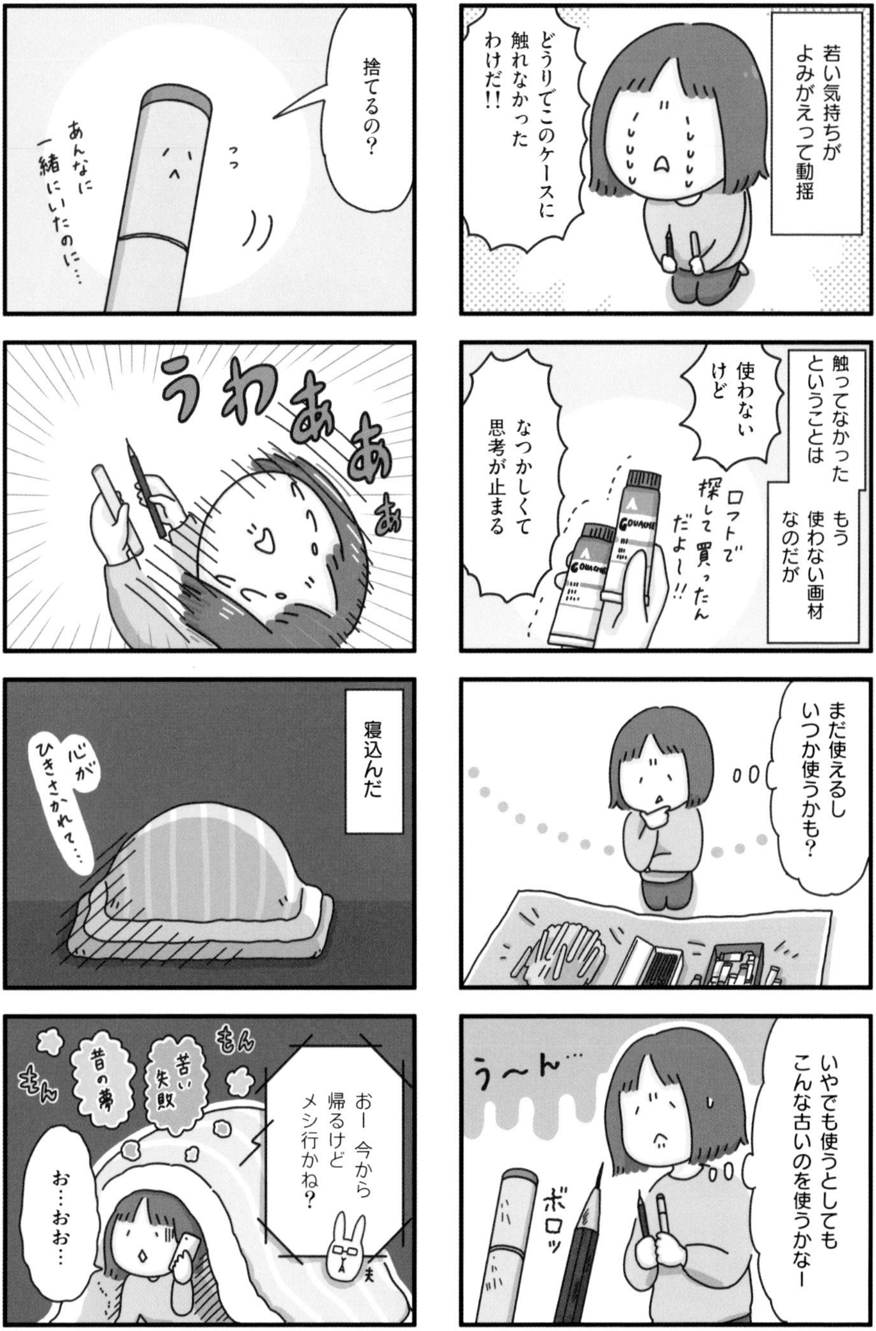
若い気持ちがよみがえって動揺
どうりでこのケースに触れなかったわけだ!!
触ってなかったということは もう使わない画材なのだが
使わないけど
なつかしくて思考が止まる
ロフトで探して買ったんだよ〜!!
GOUACHE
まだ使えるしいつか使うかも?
う〜ん…
いやでも使うとしてもこんな古いのを使うかなー
ボロッ
捨てるの?
あんなに一緒にいたのに…
うわあああ
寝込んだ
心がひきさかれて…
もん
昔の夢
若い失敗
もん
おー 今から帰るけど メシ行かね?
お…おお…

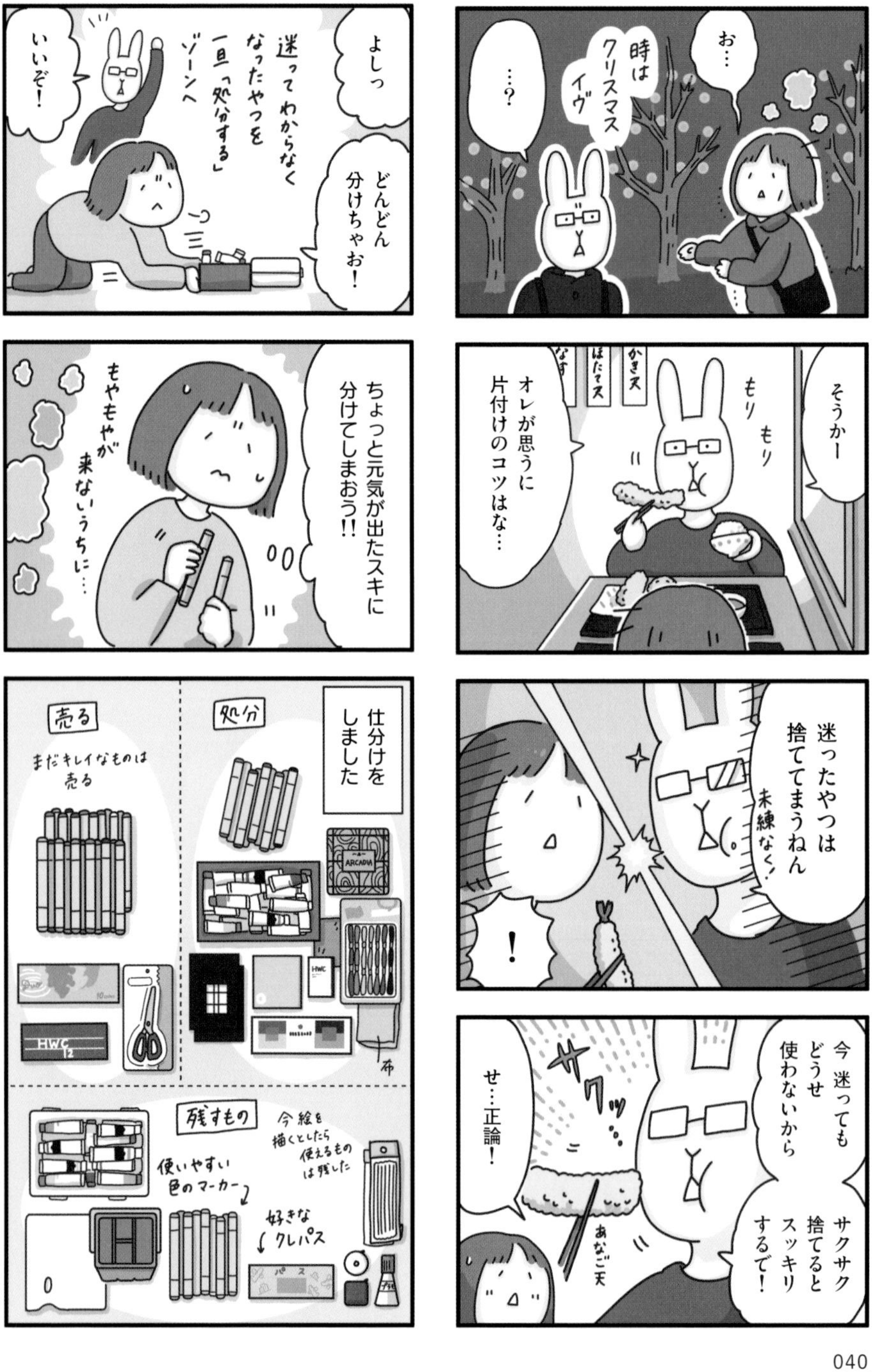
お…
時はクリスマスイヴ
…？
そうかー
かき天
ほたて天
なす
もり
もり
オレが思うに片付けのコツはな…
迷ったやつは捨ててまうねん
未練なく！
！
今迷ってもどうせ使わないから
サクサク捨てるとスッキリするで！
サクッ…
あなご天
せ…正論！
よしっ
迷ってわからなくなったやつを一旦「処分する」ゾーンへ
どんどん分けちゃお！
いいぞ！
ちょっと元気が出たスキに分けてしまおう!!
もやもやが来ないうちに…
仕分けをしました
処分
ARCADIA
HWC
布
売る
まだキレイなものは売る
HWC
残すもの
今絵を描くとしたら使えるものは残した
使いやすい色のマーカー
好きなクレパス
パス

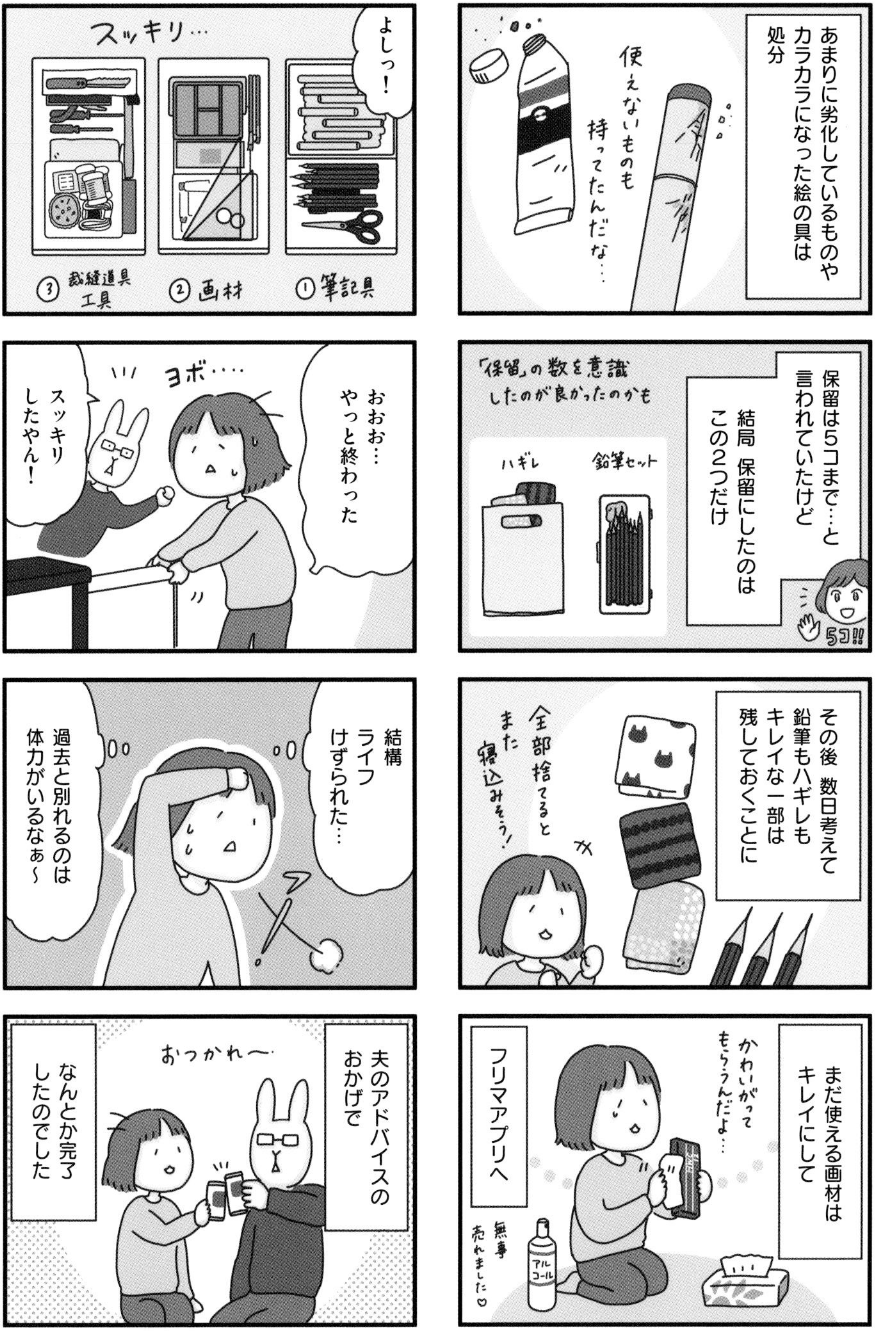
あまりに劣化しているものやカラカラになった絵の具は処分
使えないものも持ってたんだな…
よしっ!
スッキリ…
①筆記具
②画材
③裁縫道具 工具
保留は5コまで…と言われていたけど
結局 保留にしたのはこの2つだけ
「保留」の数を意識したのが良かったのかも
ハギレ
鉛筆セット
5コ!!
おおお… やっと終わった
ヨボ…
スッキリしたやん!
その後 数日考えて鉛筆もハギレもキレイな一部は残しておくことに
全部捨てるとまた寝込みそう!
結構ライフけずられた…
過去と別れるのは体力がいるなぁ~
まだ使える画材はキレイにして
フリマアプリへ
かわいがってもらうんだよ…
アルコール
無事売れました♡
夫のアドバイスのおかげで
なんとか完了したのでした
おつかれ~

【7話】リビングの7割を占める「テーブル」をサステナする

Episode 7

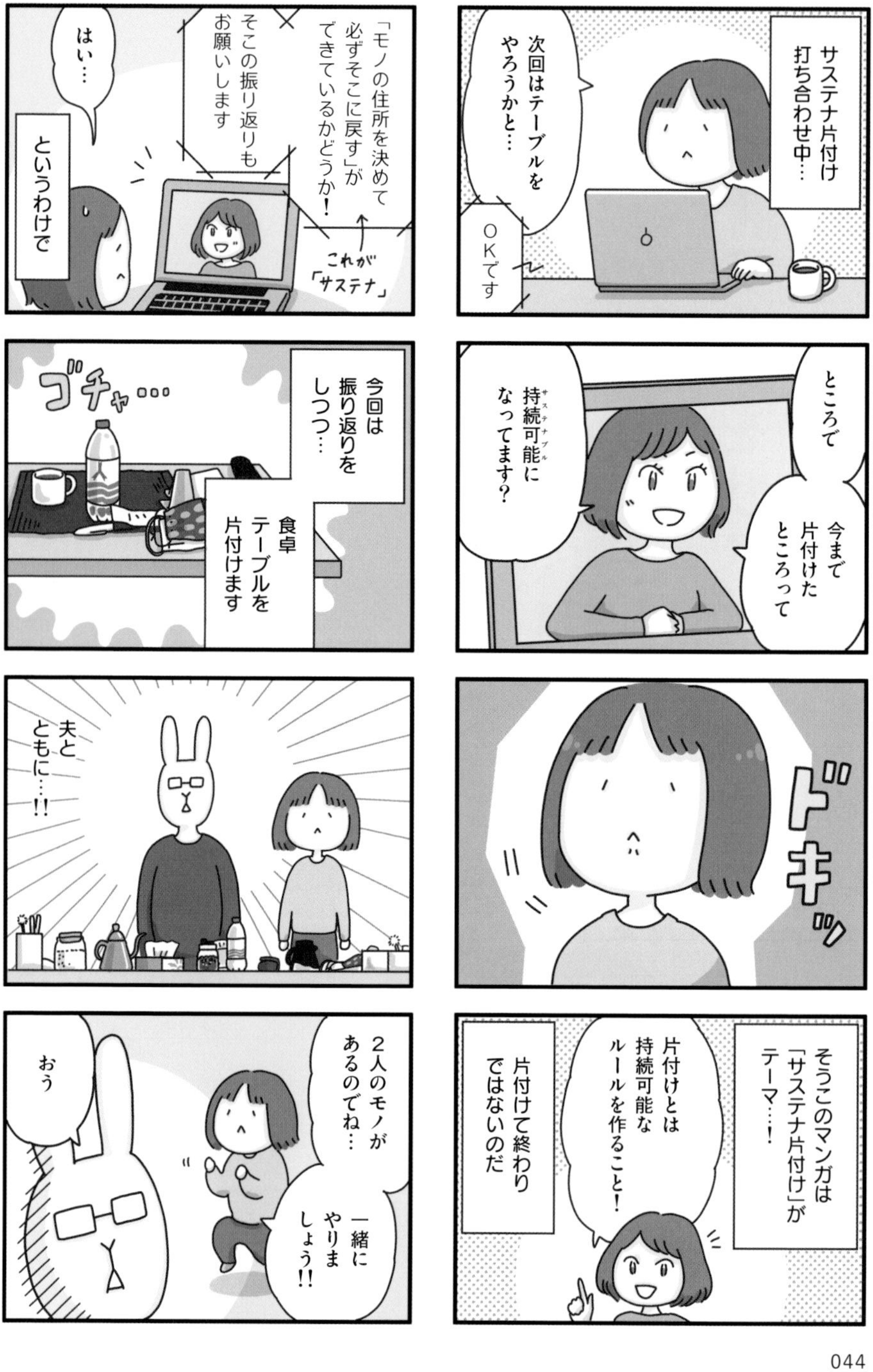
サステナ片付け打ち合わせ中…
次回はテーブルをやろうかと…
OKです
ところで
今まで片付けたところって
持続可能《サステナブル》になってます?
ドキッ
そうこのマンガは「サステナ片付け」がテーマ…!
片付けとは持続可能なルールを作ること!
片付けて終わりではないのだ
「モノの住所を決めて必ずそこに戻す」ができているかどうか!
そこの振り返りもお願いします
これが「サステナ」
はい…
というわけで
今回は振り返りをしつつ…
ゴチャ…
食卓テーブルを片付けます
夫とともに…!!
2人のモノがあるのでね…
一緒にやりましょう!!
おう

どうやったら ええの?
えーっとね
次は仕分け!! ①残すモノ ②捨てるモノ ③他に移すモノ に分ける!
ほうほう
まず どんなモノが あるかを並べる!
もう 並んでるな
まず いらんもんを 捨ててくか
ゴチャー〜〜ッ
このハガキは いるの?
○○市役所
あーっ! いらんな!
…いや やっぱ いるな…
役所の ハガキは よくわからん
一応 取っとこうか

うーん…
ん？ 何か悩んでる？
いや このハードディスク… すぐ使うんやけど…
食卓で 作業しがち
デザイナー
ここにあるのも 良くないんかなぁと…
夫よ！「こうあるべき」よりも
「自分が使いやすいルール」を 決めるのが片付けなんだよ！
THE うけうり
そうか
じゃあ ここや！
ところで… 私 台所の「乾物入れ」とか 片付けてるけど
さり気なく 振り返り…
その後 使い勝手とか どう？
乾物入れは 良くなったよな
食べ物と それ以外を 分けたから
ラップなど
食べもの入れ
乾物入れ
そう！ ラップとか 探さなくなったー!!
すごい タイム ロス だった
それ以外のところは オレあんまり 使ってへんけど
・一時物入れ ・薬箱 ・本棚の上 ・画材・工具ケース
そうねー 私も あんまり触らない場所を 片付けたから…
けっこう そのまま かな
告白すると「一時物入れ」は たま～に 荒れる日があります…
何も 考えずに つっこみたい 夜がある！
バサ
書類
数日後 回収したり…

ところで
私が連載を始めてから
家が勝手にキレイに
なっているのです
ネタにしようと
思っていた場所を
夫が先に片付けている…！
キュキュキュ
キュキュキュ
キッチンの作業台
私のマンガが
気づくきっかけに
なったのかなって…
いやーそれは
関係ないかな
バッサリ
そう…
しかし　この男
一度気になると
のめり込むクセがあり
あっ
別の机を片付け
始めている
いやぁ
こっちに戻そうと
思ったら　ここも
気になって…
お片付けあるある
それ
キリが
ないよ～
※食卓
そうこうしている
うちに
他の場所に
移すモノが
分けられてきました
大事そうな
ハガキ
○○市役所
小銭
小物
写真
ガジェット類
すぐ使わないもの

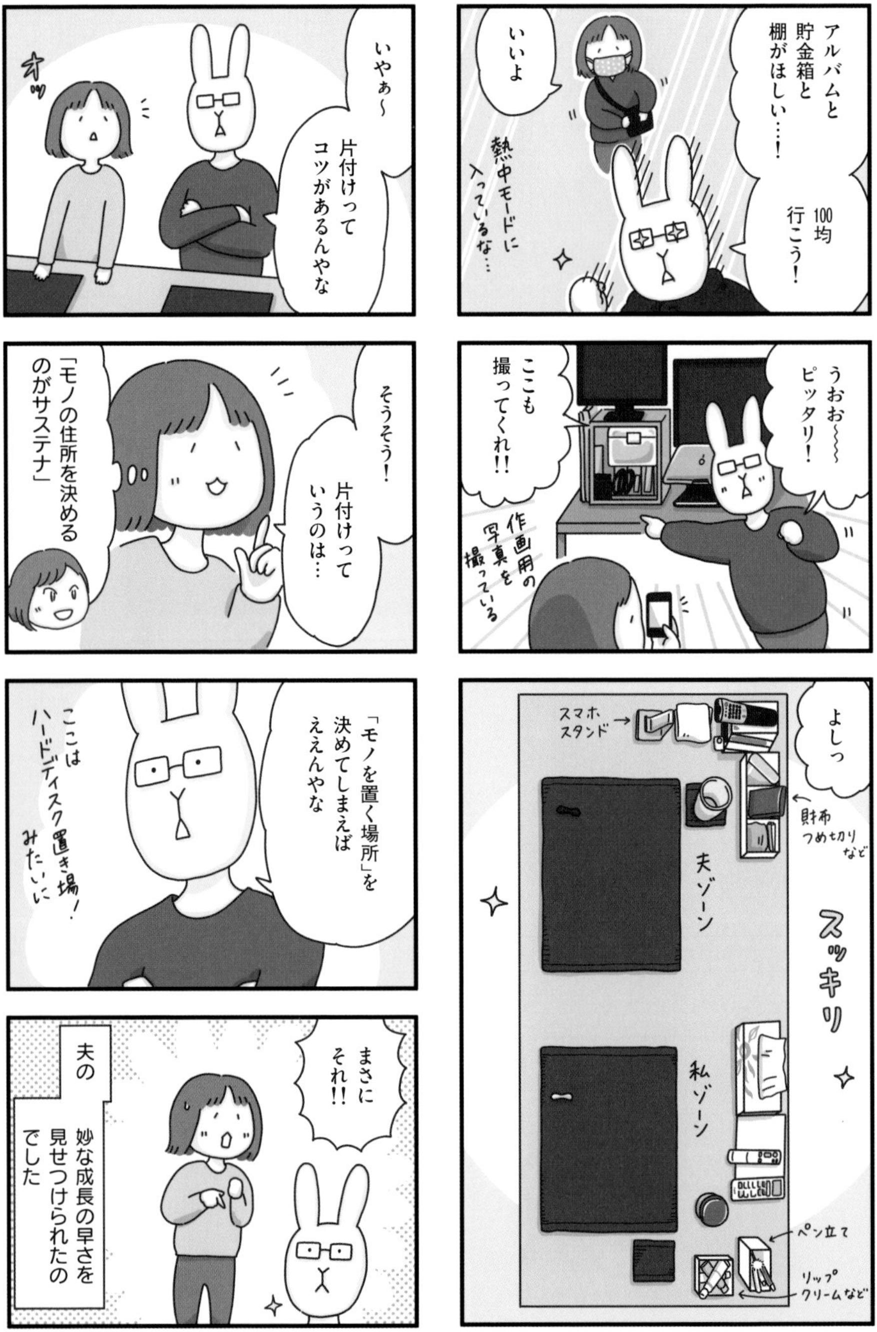
アルバムと貯金箱と棚がほしい…!
100均行こう!
いいよ
熱中モードに入っているな…
うおお〜〜〜ピッタリ!
ここも撮ってくれ!!
作画用の写真を撮っている
よしっ
スマホスタンド
財布 つめ切りなど
夫ゾーン
スッキリ
私ゾーン
ペン立て
リップクリームなど
いやぁ〜
片付けってコツがあるんやな
オッ
そうそう!
片付けっていうのは…
「モノの住所を決めるのがサステナ」
「モノを置く場所」を決めてしまえばええんやな
ここはハードディスク置き場!みたいに
まさにそれ!!
夫の
妙な成長の早さを見せつけられたのでした

【8話】
カオスな「アクセ・コスメ」置き場をサステナする

Episode 8

今回は
アクセサリー・コスメ置き場を片付けます！
良いですね～
描くの大変かもしれませんけど
細かいから…
いやぁ…そんなに量を持っていないんですよね
LINE
編集のマツダさん
でも 少ないのをいいことに
ちょ～っと管理をサボっていて…
ここ
実は画材ケース（6話）の上
カオスになっている
ゴチャァ…
いざ とりかかります！
うう
汚い…！
何があるかを見るために並べていきます
いつものように新聞の上に…
ズラッ
毎日使うアイブロウなどはポーチに入れているので より少なめ…
RAZOR
カールクリップ
なぞの袋
アクセサリー入れ
ピアス入れ
ヘアピン
baby
ESTELLE
Jouete
BLOOM
箱類

さて…どうすれば
いいんだ…
教えてグーグル先生
皆さんアクセって
どう保管されてるの…?
わぁ
カワイイ!!
キラ
キラ
キラ
Instagramを見てしまった!
やばい…
ウッ
ステキ…
こういうケースが
あるのか…
kufuraにも特集があるよ!
しかし
いわれていたの
だった
凝ったことは
しなくていいです
続かないから!
ドキ
連載が始まる時…
と とりあえず
あるモノを整理して
後から
買お…
↑あっ こいつ買う気だ…
えーと…
※完全に分離したマニキュア
そういえば
マツダさんが言ってたな
コスメは使用期限も
ありますからね
マニキュアとか一生
使えると思ってました…
振ったら
いけるのでは!?
ブン
ブン
マニキュアの使用期限は
1~2年といわれているようです
捨てることにしました

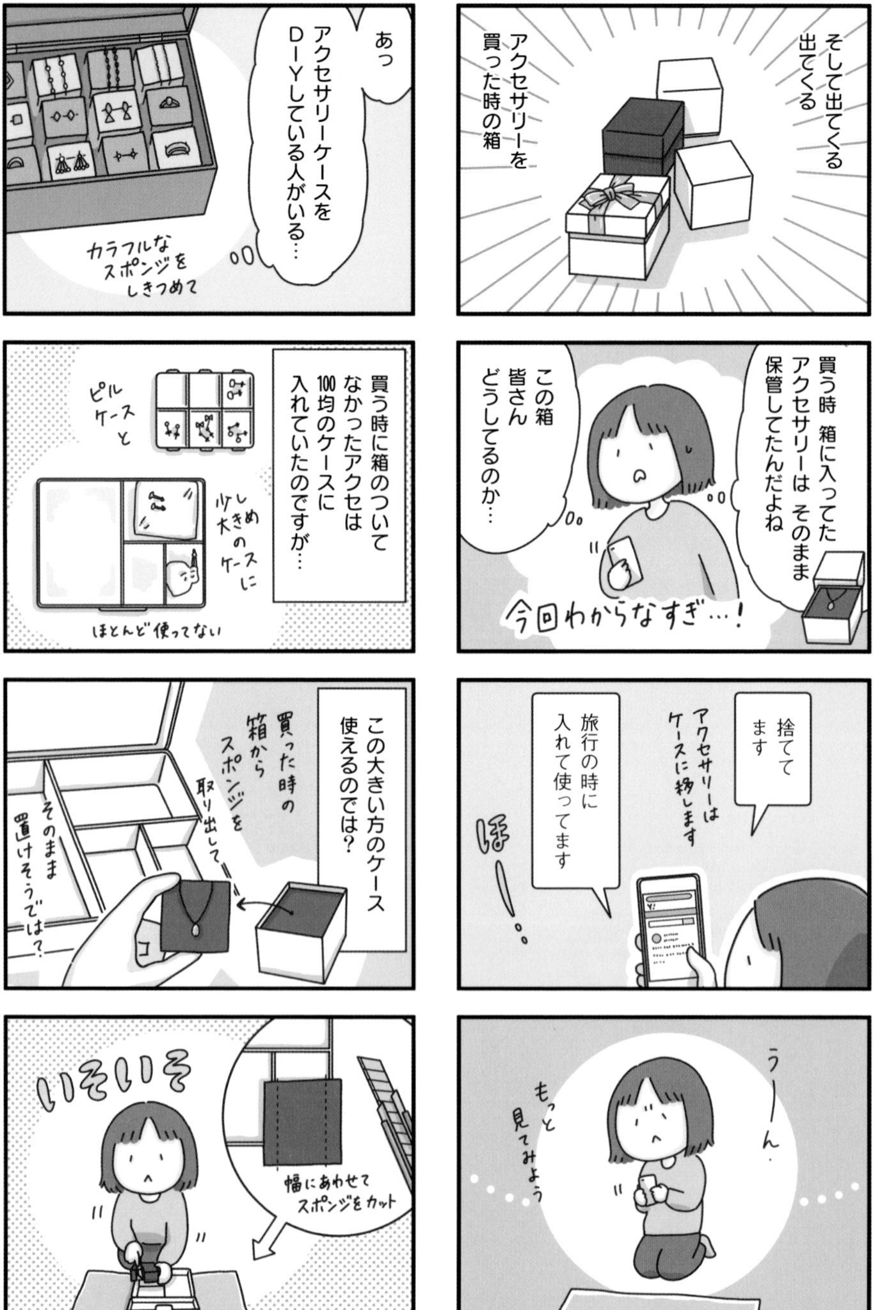
そして出てくる出てくる
アクセサリーを買った時の箱
あっ
アクセサリーケースをDIYしている人がいる…
カラフルなスポンジをしきつめて
買う時 箱に入ってたアクセサリーは そのまま保管してたんだよね
この箱 皆さん どうしてるのか…
今回わからなすぎ…！
買う時に箱のついてなかったアクセは100均のケースに入れていたのですが…
ピルケースと
少し大きめのケースに
ほとんど使ってない
捨ててます
アクセサリーはケースに移します
旅行の時に入れて使ってます
ほー…
この大きい方のケース使えるのでは？
買った時の箱からスポンジを取り出して
そのまま置けそうでは？
うーん…
もっと見てみよう
いそいそ
幅にあわせてスポンジをカット

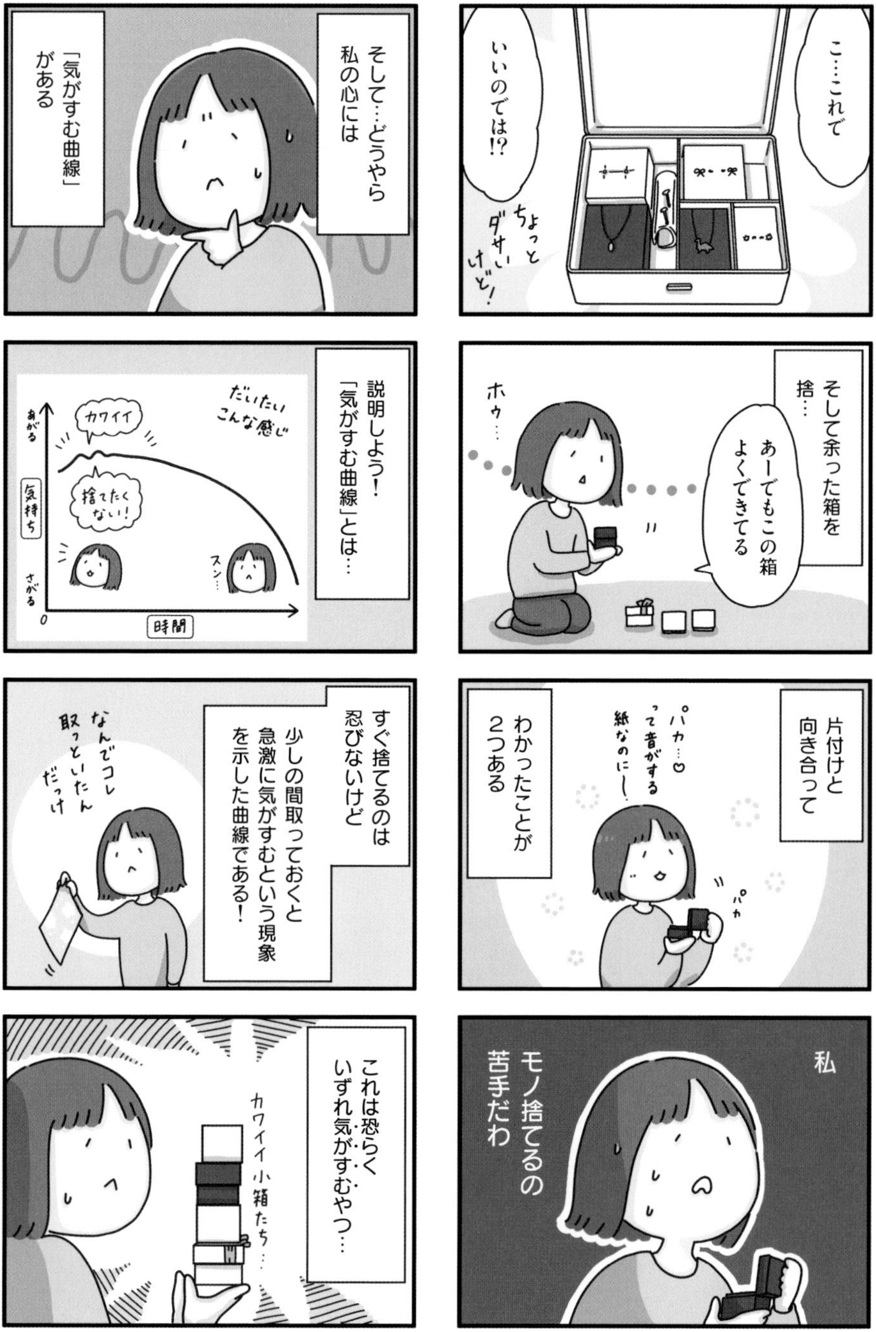
こ…これで
いいのでは!?
ちょっとダサいけど!
そして余った箱を
捨…
あーでもこの箱
よくできてる
ホウ…
片付けと
向き合って
わかったことが
2つある
パカ…♡って音がする紙なのにし
パカ
私
モノ捨てるの
苦手だわ
そして…どうやら
私の心には
「気がすむ曲線」
がある
説明しよう!
「気がすむ曲線」とは…
だいたいこんな感じ
あがる
気持ち
さがる
0
時間
カワイイ
捨てたくない!!
スン…
すぐ捨てるのは
忍びないけど
少しの間取っておくと
急激に気がすむという現象
を示した曲線である!
なんでコレ取っといたんだっけ
これは恐らく
いずれ気がすむやつ…
カワイイ小箱たち…

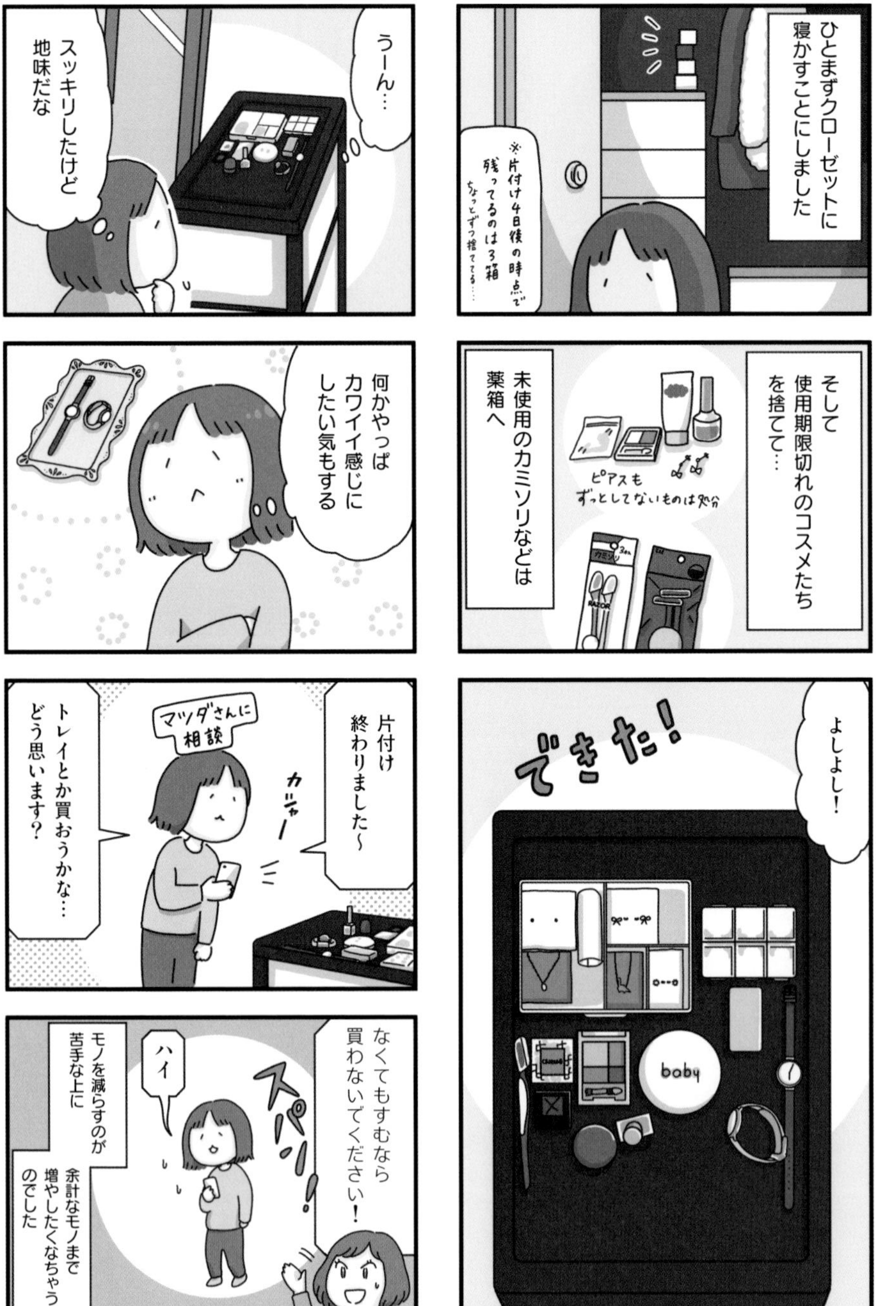
ひとまずクローゼットに寝かすことにしました
※片付け4日後の時点で残ってるのは3箱
ちょっとずつ捨ててる……
そして使用期限切れのコスメたちを捨てて…
ピアスもずっとしてないものは処分
未使用のカミソリなどは薬箱へ
よしよし!
できた!
baby
うーん…
スッキリしたけど地味だな
何かやっぱカワイイ感じにしたい気もする
片付け終わりました~
カシャー
マツダさんに相談
トレイとか買おうかな…どう思います?
なくてもすむなら買わないでください!
スパーン!!
ハイ
モノを減らすのが苦手な上に
余計なモノまで増やしたくなっちゃうのでした

「気がすむ曲線」は
衝動買いにもありますね
ブローチ
？？？
何でコレ
買ったんだっけ…？

最初は夫に片付けの相談をしていたのだが
う〜ん…
コート掛けの辺りとか取り上げようか…
おぉ いいいね
否定しない男
Pc
しかし
潜在意識にインプット
エプロン
エコバッグ
コート掛け…
ふわ〜ん…
無意識
スッ
あッ
描く前に…!!
これでネタがいくつか減ったので
次片付けるのどこ?
ひみつ
え〜 なんでや
片付ける場所はナイショにしていました

【9話】
生活用品突っ込みがちな「スチールラック」をサステナする

昔から
このラックに押し込んでたんだ…

今まで
住所不定にしてゴメンね
ギュッ

Episode 9

今日はスチールラックを片付けます!
ゴチャ…
生活用品をてきとうに入れている
ゴミ袋が雪崩《なだれ》を起こしているな…
ズルー…
たま〜に
私もコジマさんみたいにちゃんと片付けしなきゃ…
ついめんどうで
まぁ
といっていただくのですが
←知人
いやいやその気持ち
あ〜〜やらなきゃ〜
めんど〜…
私もそっち側!
私も全く同じですよ!
このように暴れる心を…
どうせまた散らかるんだ!
賽《さい》の河原みたい!!
まぁまぁ…
なだめながらやっているのです…
スッキリするから…
ならべならべ
ゴチャー
保冷バッグ
おしぼり
うおお脈絡がない…!

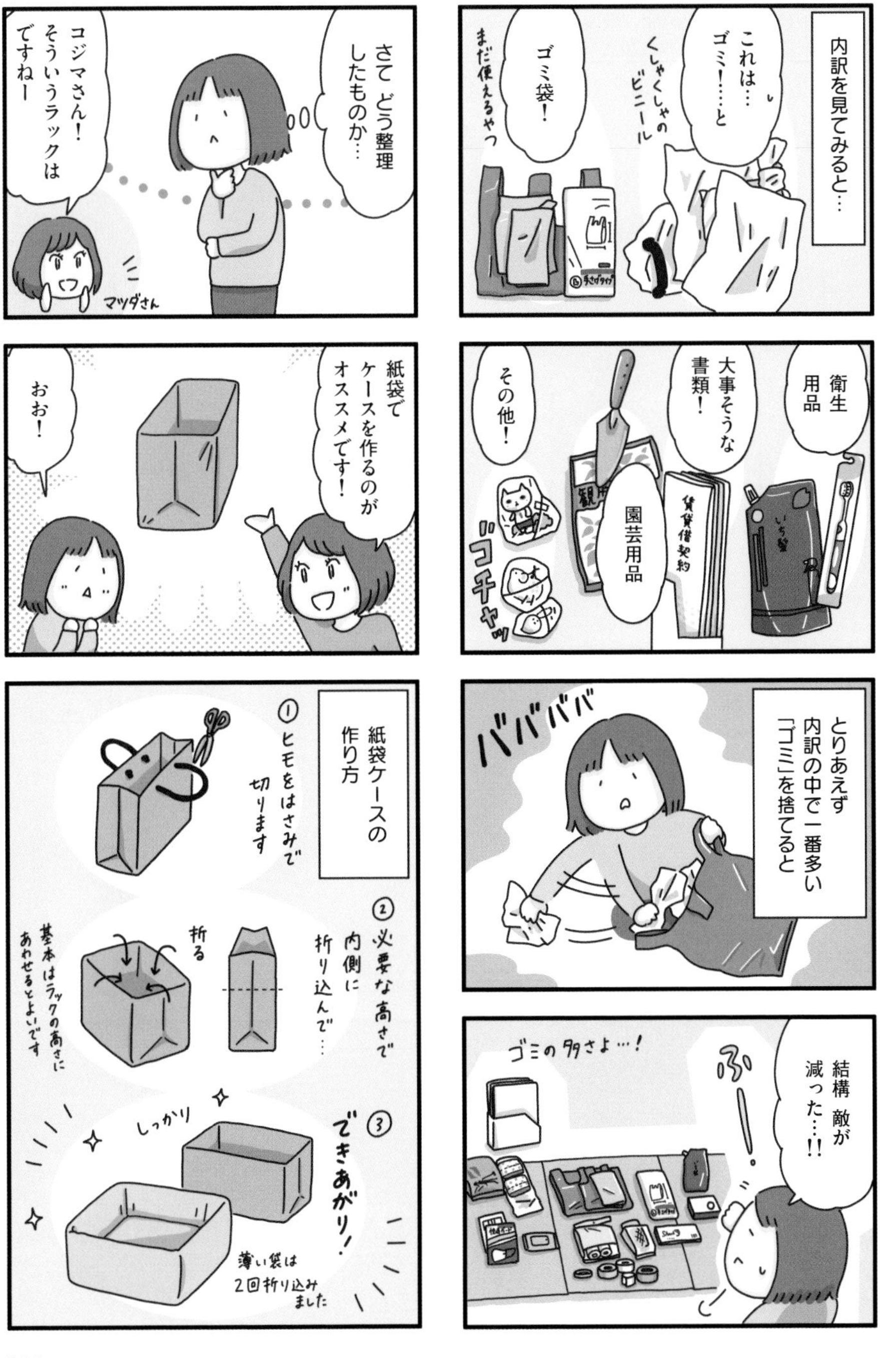
内訳を見てみると…
これは…ゴミ!…と
くしゃくしゃのビニール
ゴミ袋!
まだ使えるやつ
衛生用品
大事そうな書類!
園芸用品
その他!
ゴチャッ
賃貸借契約
とりあえず内訳の中で一番多い「ゴミ」を捨てると
ババババ
結構 敵が減った…!!
ふーー
ゴミの多さよ…!
さて どう整理したものか…
コジマさん!そういうラックはですねー
マツダさん
紙袋でケースを作るのがオススメです!
おお!
紙袋ケースの作り方
①ヒモをはさみで切ります
②必要な高さで内側に折り込んで…
折る
基本はラックの高さにあわせるとよいです
③できあがり!
しっかり
薄い袋は2回折り込みました

おぉ~!!
簡単にできた!
これなら不用品を活用して 整理もできますよ~
モノを種類ごとにこのケースに入れて
足りない分は段ボールも使いました
家にあった↓
あとは使いやすいようにラックに戻せば…
ん
あ…
「その他」のモノたち
ガチャガチャでとったもの
ハンバーガーのオマケ
干支の小物
昔から
このラックに押し込んでたんだ…
「カワイイ」けど「使わない」モノを
見て見ぬふりしたくなる気持ちが私にはあって
私の母はモノをよく捨てる人だったのですが
母の家はホコリ一つおちてない
片付けなさい!
またちらかして!
それは何!?
お お花…

それ
何に使うの？
ギュッ
なんとなく
使わないものは捨てないといけないのでは？と思うようになり
また ガラクタをため込む子どもだったんです…
なんで取っとくの
……
しんみり
でも
片付けとは「モノの住所を決めること」！
きちんと片付けてあげれば
ガラクタだから捨てなきゃいけないってことはないはずです！
そのことと上手く向き合えてなかったのだ
カワイイ…でも
ホコリまみれだなぁ…
今まで
住所不定にしてゴメンね
ギュッ
小物たちはキレイにして押し入れにしまうことにしました
土鈴など

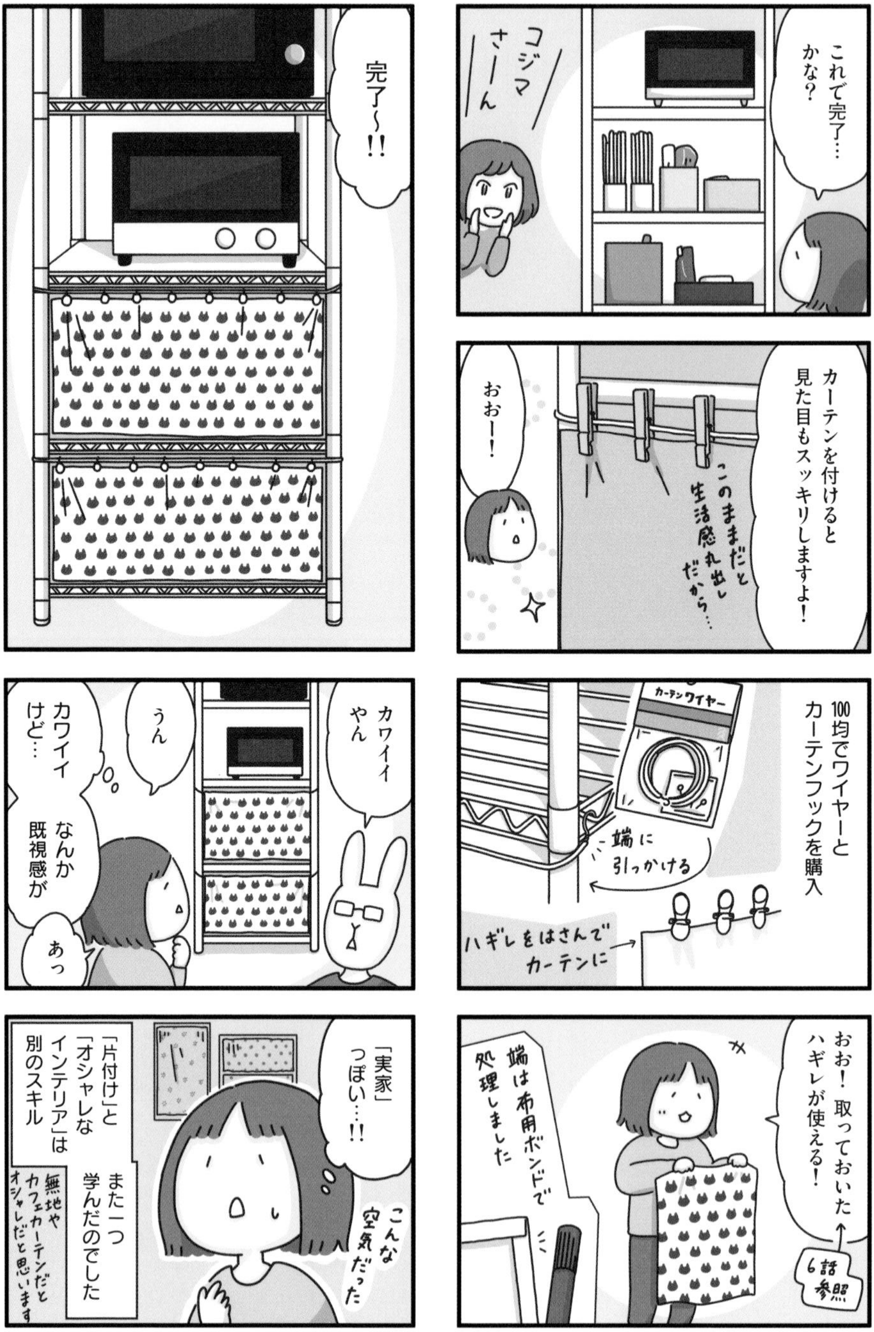

これで完了…かな？
コジマさーん
カーテンを付けると見た目もスッキリしますよ！
このままだと生活感丸出しだから…
おおー！
100均でワイヤーとカーテンフックを購入
カーテンワイヤー
端に引っかける
ハギレをはさんでカーテンに
おお！取っておいたハギレが使える！
6話参照
端は布用ボンドで処理しました
完了〜!!
カワイイやん
うん
カワイイけど…
なんか既視感が
あっ
「実家」っぽい…!!
こんな空気だった
「片付け」と「オシャレなインテリア」は別のスキル
また一つ学んだのでした
無地やカフェカーテンだとオシャレだと思います

【10話】出しっぱなしの「ゴミ置き場」をサステナする

Episode 10

今回はゴミ置き場を片付けます!
GOMI
我が家のゴミ置き場はお恥ずかしいのですが…
ダラララララ…
(ドラムロール)
デン!
結構な状態なのです!
ウーッ
スミマセン スミマセン
←世間の方向
そもそも
一人暮らしの時は大きいゴミ箱もなくて…
袋に直接捨てていた…
結婚して引っ越して「燃えるゴミ」のゴミ箱を1つ買い…
わーーーい
それで満足してしまっていました
その他のゴミは見ないふり
キッチンの奥へ
あっ 醤油取ってくれ
ジュー
はいはい

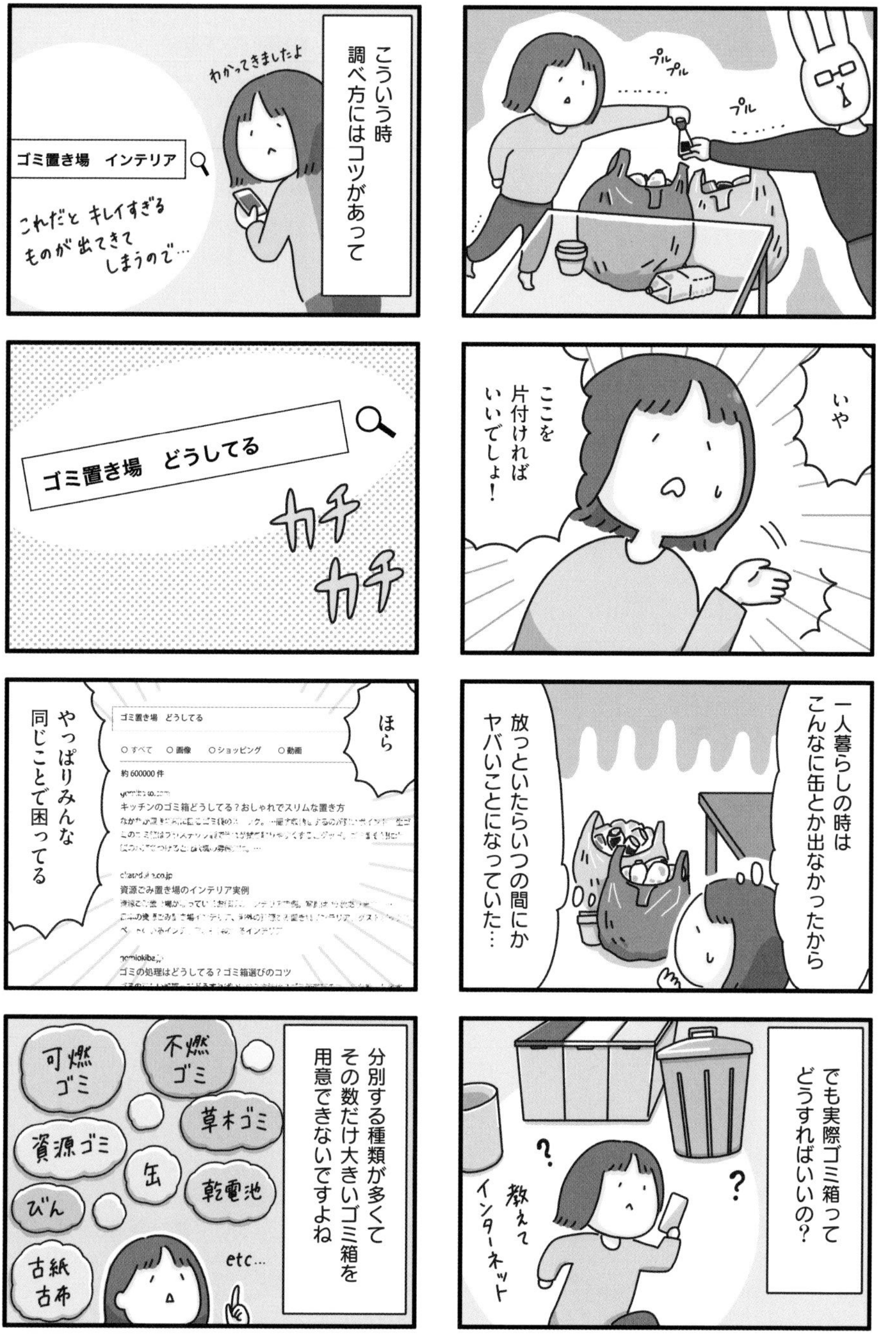
プル
プル
プル
……
……
いや
ここを片付ければいいでしょ！
一人暮らしの時はこんなに缶とか出なかったから
放っといたらいつの間にかヤバいことになっていた…
でも実際ゴミ箱ってどうすればいいの？
教えてインターネット
こういう時調べ方にはコツがあって
わかってきましたよ
ゴミ置き場　インテリア
これだとキレイすぎるものが出てきてしまうので…
ゴミ置き場　どうしてる
カチ
カチ
ほら
やっぱりみんな同じことで困ってる
ゴミ置き場　どうしてる
○すべて　○画像　○ショッピング　○動画
約600000件
キッチンのゴミ箱どうしてる？おしゃれでスリムな置き方
資源ごみ置き場のインテリア実例
ゴミの処理はどうしてる？ゴミ箱選びのコツ
分別する種類が多くてその数だけ大きいゴミ箱を用意できないですよね
可燃ゴミ
不燃ゴミ
草木ゴミ
資源ゴミ
缶
乾電池
びん
古紙古布
etc…

お片付けの方法としては
大きいゴミ箱と小さいゴミ箱を使うパターン
小→
↓大
ゴミ袋を吊るすパターン
リサイクルに出すものは玄関に置いておくというお家《うち》も
出かけるついでに出しやすい
色んなやり方があるなー
我が家のゴミを見てみると…
そのまんま〜…
う〜ん…
1か所にまとめたいからゴミ箱を複数使うパターンで
とりあえず大きいゴミ箱が2つは必要かな
買いに行ってきました
30？ 30ℓは少ない？
45ℓいっとこうぜ
45ℓ
30ℓ
う〜ん…
なんかちょっと大きすぎるかなぁ…
やぼったいね
45ℓ
45ℓ
いやこんなもんやで
どうせためるで
そっか…
あんなに汚くしてたのに
いざ片付けるとなると「スッキリさせたい欲」が出るなぁ
イメージ
CAN
BOTTLE
背伸びしてももたないのに

置く場所も動線のジャマにならない所に変えようかな…
冷
棚
今ここ
テーブル
こっちに移動！
残りの細々したゴミ(乾電池とか)はダンボールにと思っていたけど
45ℓ
45ℓ
amazon
…………
いや…これではすぐ傷むしちゃんとゴミ箱買ったほうがいいやつ…！
▶コジマはだんだんわかってきた！
翌日追加で買いに行ってきました
大雨の日でした…
よし！これでモノは揃った！
ゴミを移していこう〜！
45ℓ
45ℓ
オレ シールはがすわ
ありがと〜
♪ー♫
あ この歌ヒゲダンやな
歌番組をやっていた
♪ー♪〜
Official髭男dism
そうだ
？

「オフィシャルひげダンディズム」と
「オフィシャルシールはがしズム」って似てね!?
えっ??
▶オットがわけのわからないことをいいだした!
似てね??
※通常運転です
これマンガに描いてええで!
面白いから!
…ウン
描きました
そうこうしているうちに
スッキリ…
できた!!
すげ〜〜〜テーブルの横にすき間ができた
回れる!!
クルクル
夫がまた奇行を…!!
一緒に回る?
ピタッ
エッ…
ゴミ置き場もできて
やっと人並みの暮らしに近づいてきたな
クル
クル
そんなことを
回りながら思ったのでした

【11話】冷蔵庫の不要なものを処分する

Episode 11

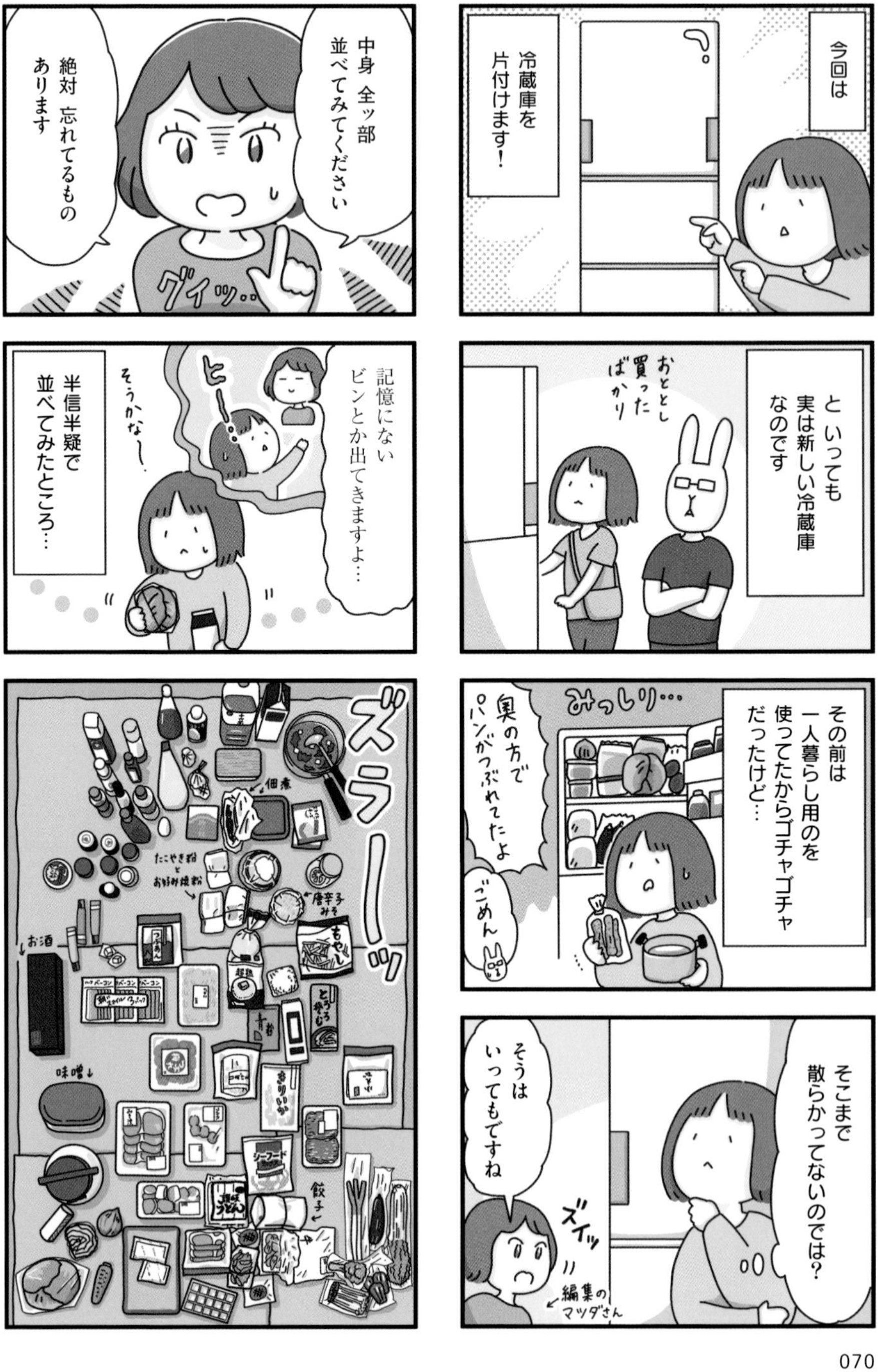

今回は
冷蔵庫を片付けます!
といっても実は新しい冷蔵庫なのです
おととし買ったばかり
その前は一人暮らし用のを使ってたからゴチャゴチャだったけど…
みっしり…
奥の方でパンがつぶれてたよ
ごめん
そこまで散らかってないのでは?
ズイッ
そうはいってもですね
編集のマツダさん
中身 全ッ部並べてみてください
絶対 忘れてるものあります
グイッ…
記憶にないビンとか出てきますよ…
ヒー…
そうかな〜
半信半疑で並べてみたところ…
ズラーッ
佃煮
たこやき粉とお好み焼粉
唐辛子みそ
お酒
味噌
餃子
つぶあん
もやし
超熟
シーフード

ドンッ!!
放置していた手作りレモネード!!
(新しい命が…)
ドドーン!!
夫が作ったラード
角煮を作った時の副産物
釜めしのいれもの
一回だけ食べたオイルサーディン
カチカチのごはん
あった
コロコロ…
あっ
冷蔵庫の音
ピピピ
お肉がとけちゃう…
こうしてもいられない
冷凍食品だけ一旦戻そうか
クーラーBOXに入れるといいですよ!
冷蔵庫の中が汚れていたのでふきんで拭いて
意外と汚れてる…
あ もしかしてこの引き出し
取り外せるのか!!
ガタッ
すごい
全部外れた!
知らなかった便利ー!!
中のケースも
中を拭いた後
お肉が古くなってないかを確認しつつ戻したら
使ってない製氷皿と保冷剤があったので処分

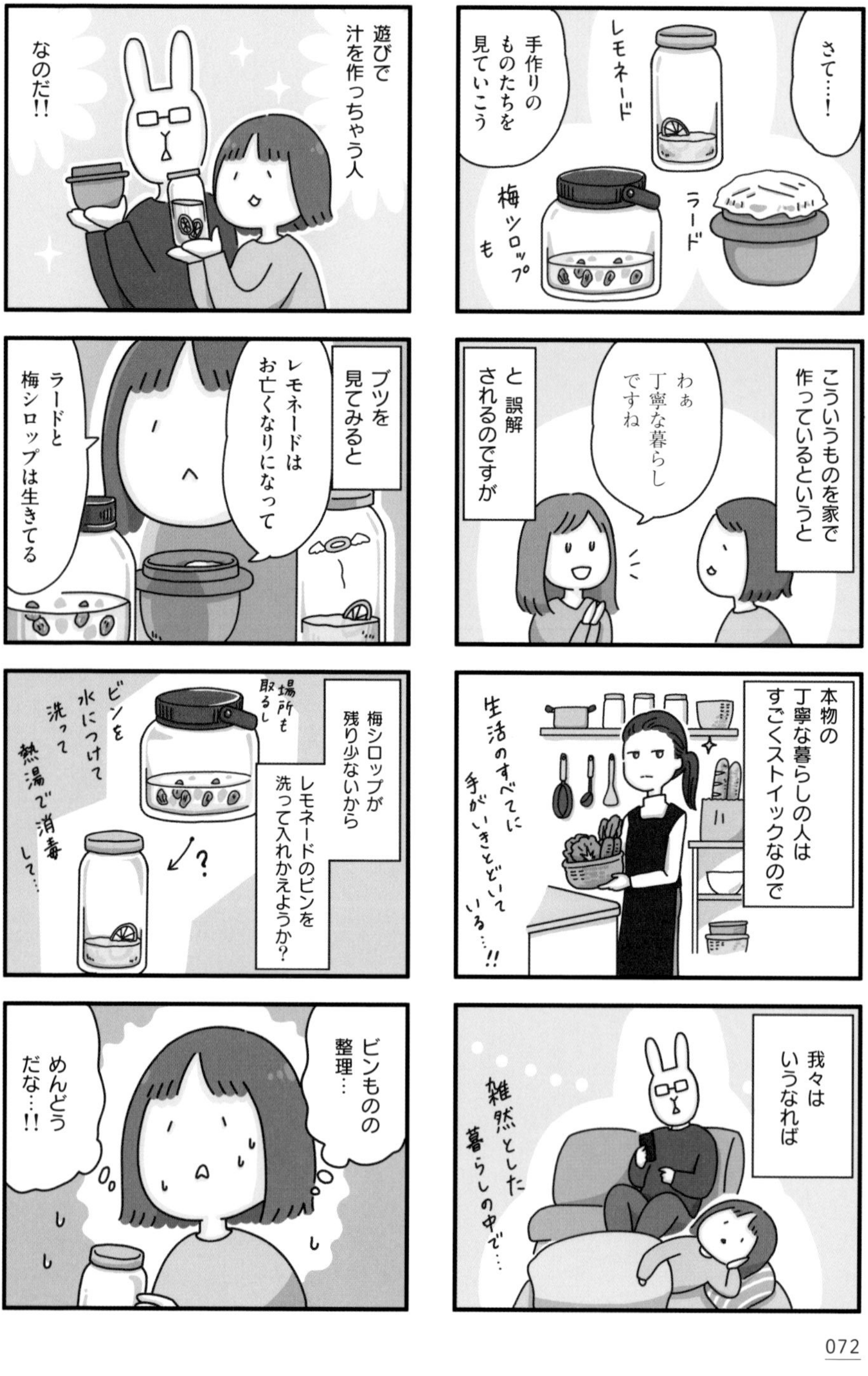
さて……！
レモネード
手作りのものたちを見ていこう
ラード
梅シロップも
こういうものを家で作っているというと
わぁ丁寧な暮らしですね
と誤解されるのですが
本物の丁寧な暮らしの人はすごくストイックなので
生活のすべてに手がいきとどいている…!!
我々はいうなれば
雑然とした暮らしの中で…
遊びで汁を作っちゃう人
なのだ!!
ブツを見てみると
レモネードはお亡くなりになって
ラードと梅シロップは生きてる
梅シロップが残り少ないから
レモネードのビンを洗って入れかえようか?
場所も取るし
ビンを水につけて洗って熱湯で消毒して…
ビンものの整理…
めんどうだな…!!

しんどくなったので しばし休憩
皆さんもムリせず 休憩するといいですよ…!
シュークリーム
ビンの移しかえはやめて レモネードだけ捨てよう…
野菜とかドレッシングも 仕分けないとなー
ところで…皆さん ぶっちゃけ
勇気を出して聞きます
傷みかけの食べ物って どこまで「セーフ」に してますか?
ゴクリ…
正直 我が家は セーフの範囲が広い
賞味期限 切れても 大丈夫!!
ZUBORA
でも夫婦で デッドゾーンが違っているので 捨てる基準が悩ましい
私がダメでも 夫は大丈夫な時がある
OK いける
……!! やめておく
さすがに賞味期限を 大幅に過ぎてるものは 捨てよう
2020.1.8
あっ こっちのブロッコリー 花が咲きそう…
これは 食べられるの かな?
ブロッコリーが 黄色くなったら…
片付けで 疲れるのは
判断基準が 決まってないものを 探りながら仕分けていくこと だなぁと思ったのでした

はぁーもう
明らかに平気そうな
ものから戻そう！
せっせ
ブロッコリーは
黄色くてもセーフ！
今夜食べよう！
なんだか
ゴミ置き場も
片付けといたから
はかどるし
冷蔵庫内も
使いやすく整理したいけど
とりあえず食べ物を
冷やさないといけないので
それは 後に回すことに
途中あんなに
憂鬱だったのに
終わるとすごく
スッキリ！
よし!! この残った
ダメそうなものたちは
処分!!
ごはんです
きゅうりのうまたれ
その日は料理も
はかどり
花咲きブロッコリーの
ゆで卵・マヨネーズあえ
ササ
次回
冷蔵庫内を
使いやすく整理します！
とりあえず入れた感…

【12話】冷蔵庫の中身が一発でわかるようサステナする

Episode 12

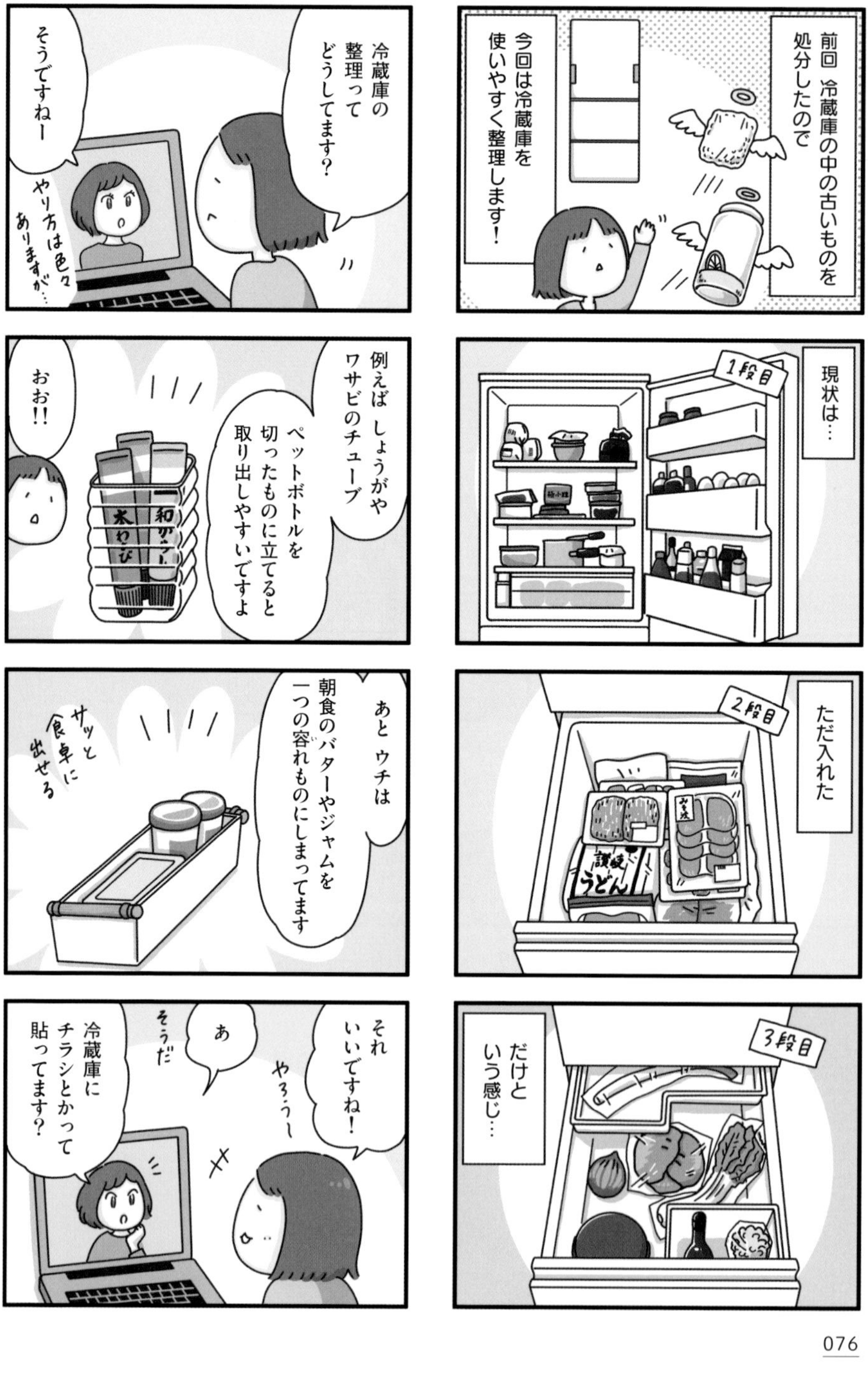

前回 冷蔵庫の中の古いものを処分したので
今回は冷蔵庫を使いやすく整理します!
現状は…
1段目
ただ入れた
2段目
讃岐うどん
だけという感じ…
3段目
冷蔵庫の整理ってどうしてます?
そうですねー
やり方は色々ありますが…
例えば しょうがやワサビのチューブ
ペットボトルを切ったものに立てると取り出しやすいですよ
おお!!
あと ウチは朝食のバターやジャムを一つの容れものにしまってます
サッと食卓に出せる
それいいですね!
やろう~
あ
そうだ
冷蔵庫にチラシとかって貼ってます?

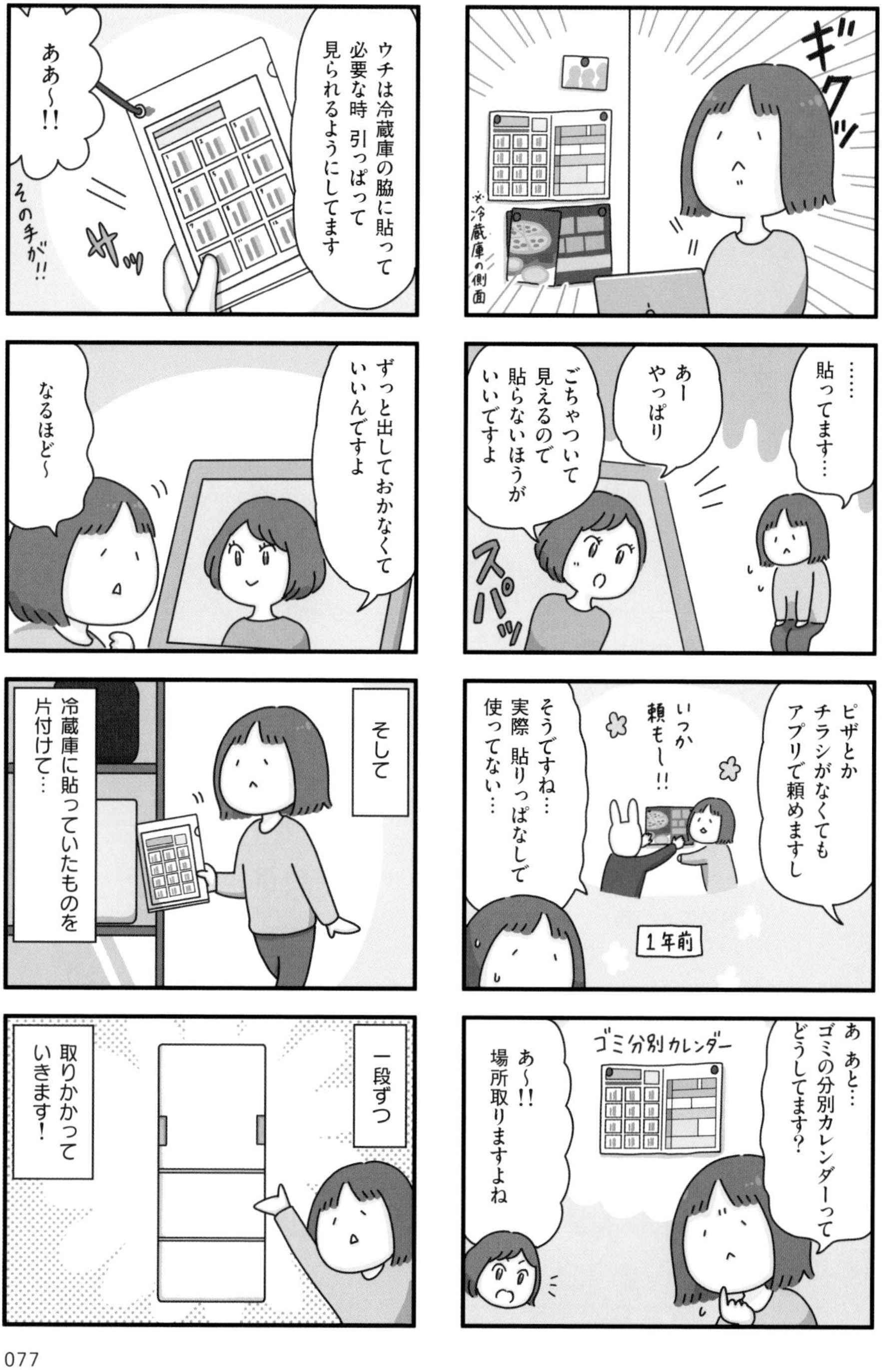
ギクッ
※冷蔵庫の側面
……
貼ってます…
あー
やっぱり
ごちゃついて
見えるので
貼らないほうが
いいですよ
スパッ
ピザとか
チラシがなくても
アプリで頼めますし
いつか
頼もし!!
1年前
そうですね…
実際 貼りっぱなしで
使ってない…
あ あと…
ゴミの分別カレンダーって
どうしてます?
ゴミ分別カレンダー
あ〜!!
場所取りますよね
ウチは冷蔵庫の脇に貼って
必要な時 引っぱって
見られるようにしてます
ああ〜!!
その手が!!
サッ
ずっと出しておかなくて
いいんですよ
なるほど〜
そして
冷蔵庫に貼っていたものを
片付けて…
一段ずつ
取りかかって
いきます!

まずは1段目冷蔵室！
ラベルが見えるように置いて… こんなものかな
大きい鍋が入る時もあるから 余裕を残しつつ…
パン
「朝食セット」のように箱に小分けする作戦でいくことにして
朝食セット
幅・奥行高さを測って…
よしっ
100均へGO！
いっぱいあるなー!!
なんか…すごい「ちゃんとしてる風」になった!!
片付け苦手民なのでこういうことがうれしい
使うタイミングが近いもの同士で箱に入れました
粉類↓
分類に悩むけど家族がわかればそれでOK
ベーコン ウィンナー
チューブ
バター ジャム
パン
夫にも好評！
コレええなー
いいでしょ！
マツダさんのアイディアだけど
どんどん次へ…！
お次は…

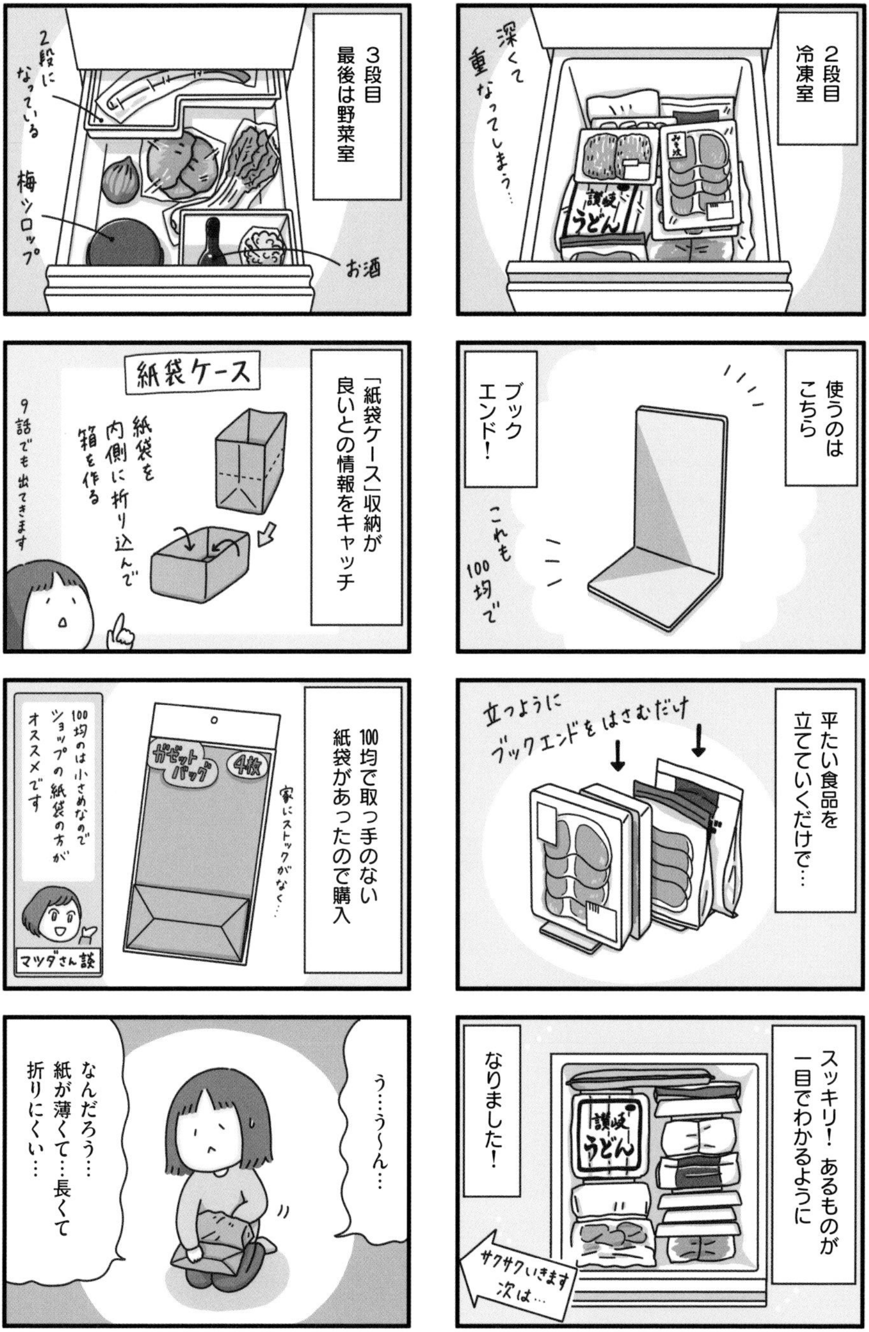
2段目
冷凍室
深くて重なってしまう…
使うのはこちら
ブックエンド！
これも100均で
平たい食品を立てていくだけで…
立つようにブックエンドをはさむだけ
スッキリ！あるものが一目でわかるように
なりました！
讃岐うどん
サクサクいきます 次は…
3段目
最後は野菜室
2段になっている
梅シロップ
お酒
「紙袋ケース」収納が良いとの情報をキャッチ
紙袋ケース
紙袋を内側に折り込んで箱を作る
9話でも出てきます
100均で取っ手のない紙袋があったので購入
家にストックがなく…
ガゼットバッグ 4枚
100均のは小さめなのでショップの紙袋の方がオススメです
マツダさん談
う…う〜ん…
なんだろう…紙が薄くて…長くて折りにくい…

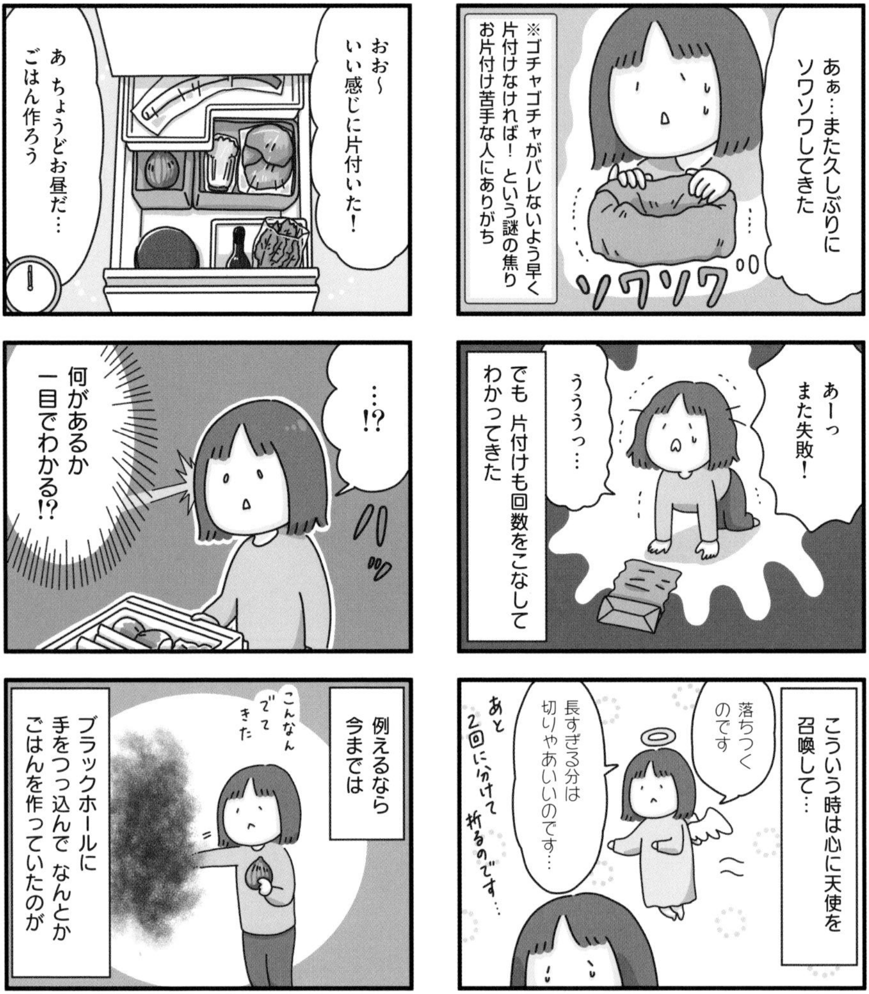

あぁ…また久しぶりに
ソワソワしてきた
※ゴチャゴチャがバレないよう早く片付けなければ！という謎の焦り
お片付け苦手な人にありがち
ソワソワ
あーっ
また失敗！
ううう……
でも 片付けも回数をこなして
わかってきた
こういう時は心に天使を
召喚して…
落ちつくのです
長すぎる分は
切りゃあいいのです…
あと2回に分けて折るのです…
なんとか
できました！
せまい所用には
半分に切って折り
重ねてホチキス止め
おお〜
いい感じに片付いた！
あ ちょうどお昼だ…
ごはん作ろう
…!?
何があるか
一目でわかる!?
例えるなら
今までは
こんなん
でて
きた
ブラックホールに
手をつっ込んで なんとか
ごはんを作っていたのが
とても
スムーズに
なったのでした
楽…！
これが
ふつうの暮らし…！

片付けの
ごほうび
MENU

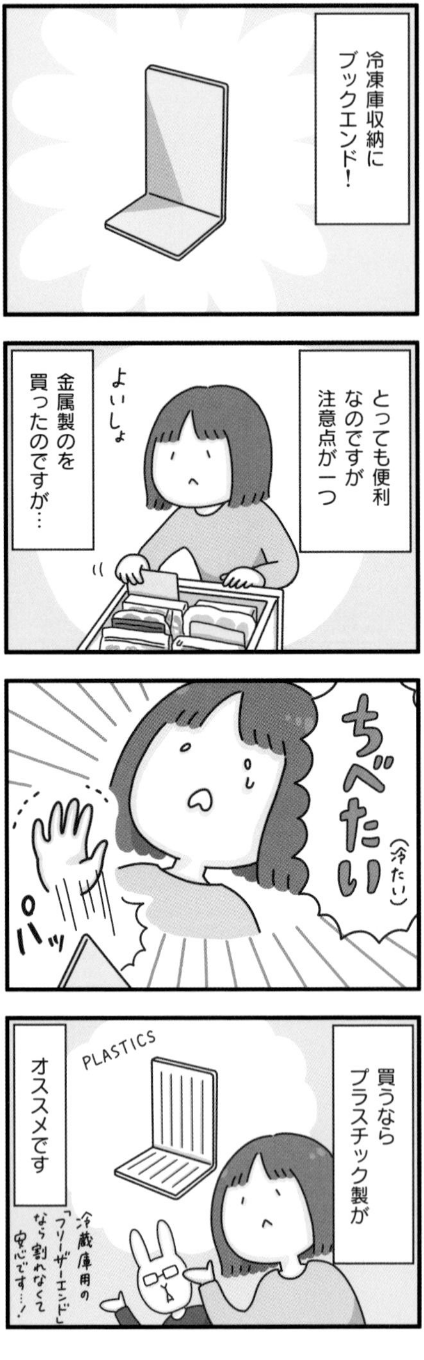
冷凍庫収納にブックエンド！
とっても便利なのですが注意点が一つ
よいしょ
金属製のを買ったのですが…
ちべたい
(冷たい)
パッ
買うならプラスチック製が
オススメです
PLASTICS
冷蔵庫用の「フリーザーエンド」なら割れなくて安心です…！

【13話】いつもちょっとあふれている「台所の棚」をサステナする

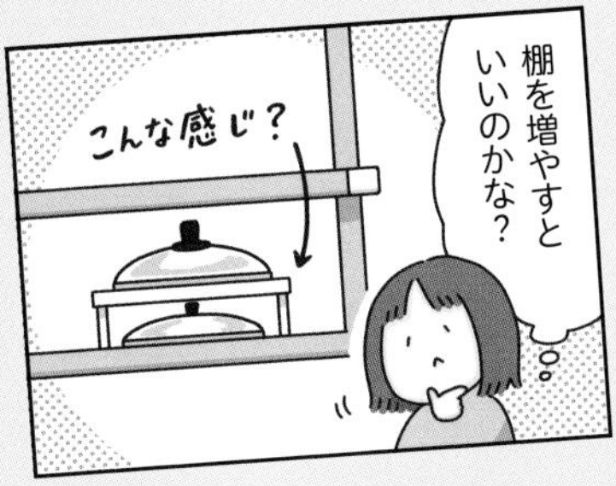

Episode 13

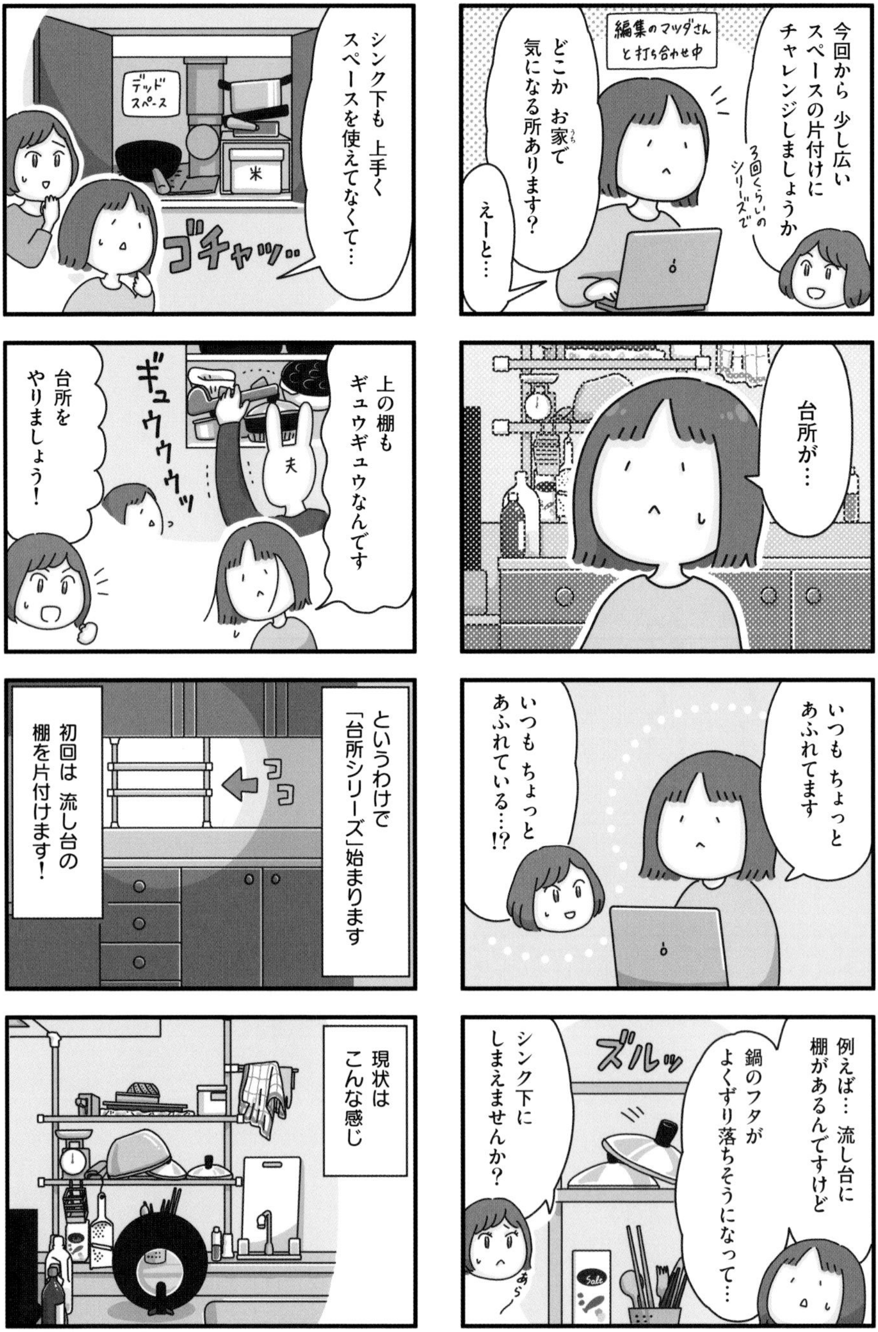
編集のマツダさんと打ち合わせ中
今回から 少し広い スペースの片付けに チャレンジしましょうか
3回くらいのシリーズで
どこか お家《うち》で 気になる所あります?
えーと…
シンク下も 上手く スペースを使えてなくて…
デッドスペース
米
ゴチャッ…
台所が…
上の棚も ギュウギュウなんです
ギュウウウウッ
夫
台所を やりましょう!
いつも ちょっと あふれてます
いつも ちょっと あふれている…!?
というわけで 「台所シリーズ」始まります
ココ
初回は 流し台の 棚を片付けます!
例えば… 流し台に 棚があるんですけど
ズルッ
鍋のフタが よくずり落ちそうになって…
シンク下に しまえませんか?
あら～
Salt
現状は こんな感じ

特に悩ましいのが
この大きなフタ!
フライパンも覆えるサイズでよく使うのですが…
ジュ〜…
結構ジャマなのです
ガンッ
あーっ
これを何回もやってしまう
お片付け苦手あるある「よく使うものほど置き場所が決まってない」パターン
すぐ使うからいいじゃんの構え
マツダさんメモ
お片付けとは「モノの住所を決めること」です
それでは! 片付けていきます
まずは 何があるかを見るために 全て出して並べます
ば〜ん
包丁↓
片栗粉
だし
むし器↓
ボウル
そして… もう一つ 気になることが
チラ

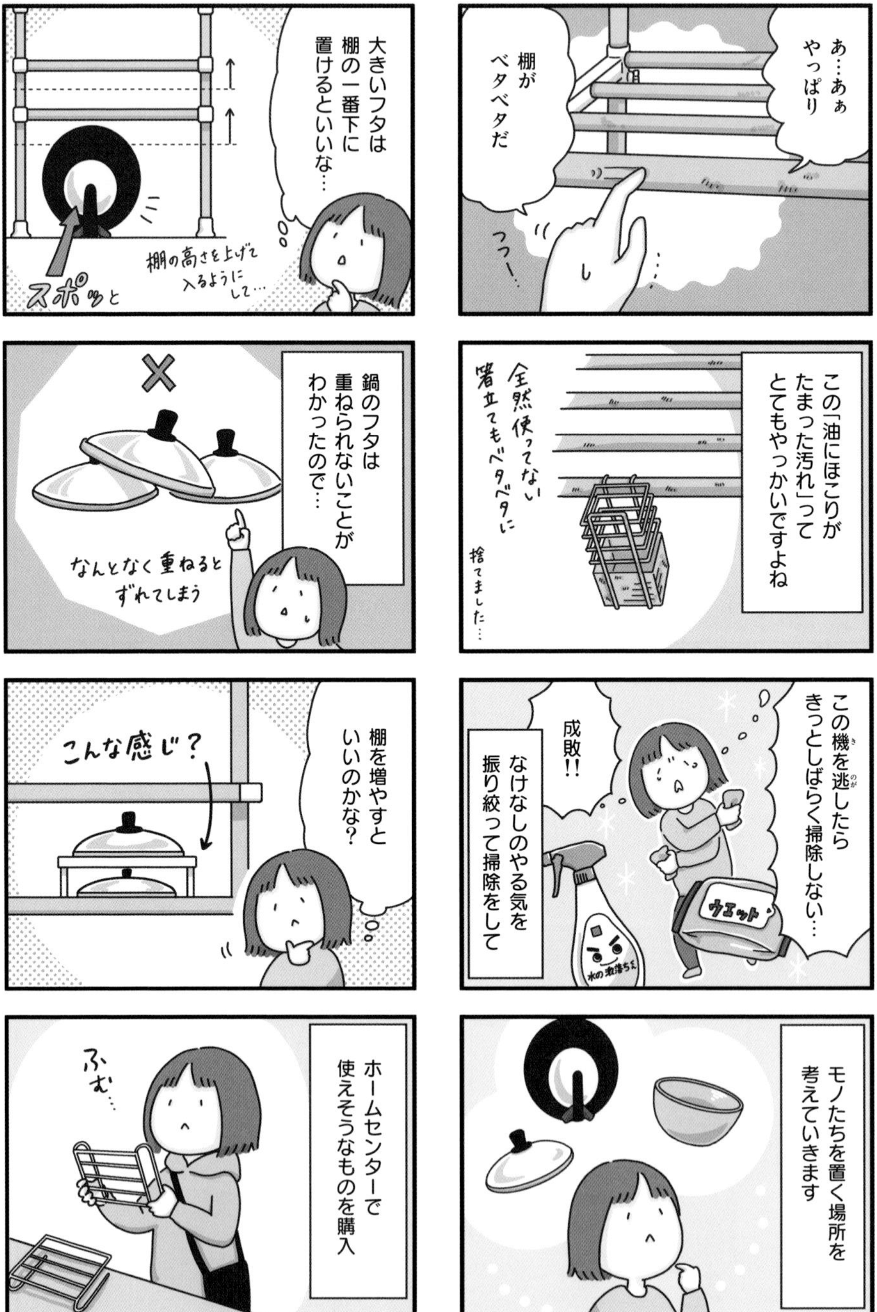
あ…あぁ
やっぱり
棚が
ベタベタだ
つつー…
大きいフタは
棚の一番下に
置けるといいな…
棚の高さを上げて
入るようにして…
スポッと
この「油にほこりが
たまった汚れ」って
とてもやっかいですよね
全然使ってない
箸立てもベタベタに
捨てました…
鍋のフタは
重ねられないことが
わかったので…
なんとなく重ねると
ずれてしまう
この機《き》を逃《のが》したら
きっとしばらく掃除しない…
成敗!!
なけなしのやる気を
振り絞って掃除をして
ウエット
棚を増やすと
いいのかな?
こんな感じ?
モノたちを置く場所を
考えていきます
ホームセンターで
使えそうなものを購入
ふむ…

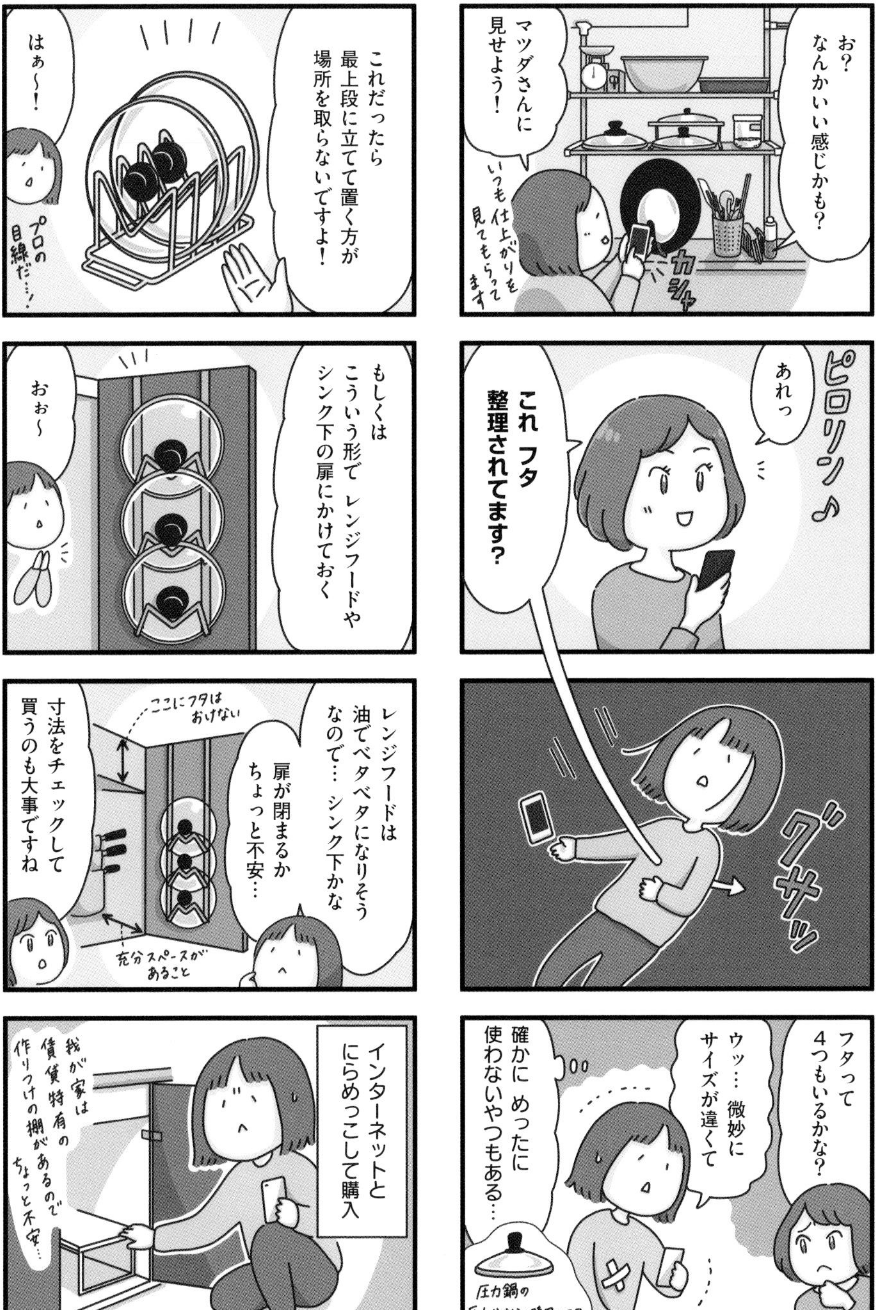
お？
なんかいい感じかも？
マツダさんに見せよう！
いつも仕上がりを見てもらってます
カシャ
ピロリン♪
あれっ
これ フタ 整理されてます？
グサッ
フタって4つもいるかな？
ウッ… 微妙にサイズが違くて
確かに めったに使わないやつもある…
圧力鍋の圧力かけない時用のフタ
これだったら最上段に立てて置く方が場所を取らないですよ！
はぁ～！
プロの目線だ…！
もしくはこういう形で レンジフードやシンク下の扉にかけておく
おぉ～
レンジフードは油でベタベタになりそうなので… シンク下かな
扉が閉まるかちょっと不安…
寸法をチェックして買うのも大事ですね
ここにフタはおけない
充分スペースがあること
インターネットとにらめっこして購入
我が家は賃貸特有の作りつけの棚があるのでちょっと不安…

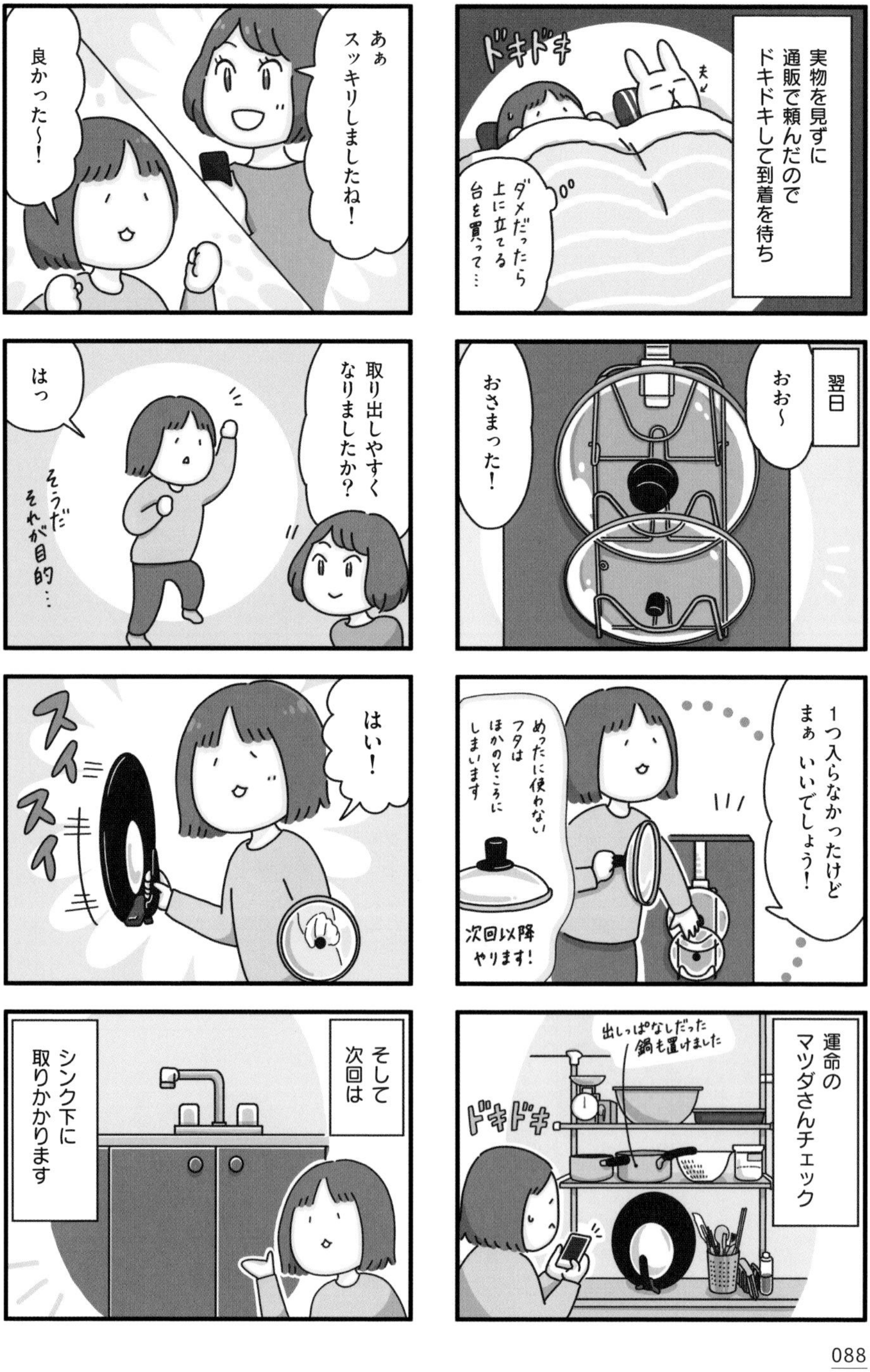
実物を見ずに通販で頼んだのでドキドキして到着を待ち
ドキドキ
夫
ダメだったら上に立てる台を買って…
翌日
おお〜
おさまった!
1つ入らなかったけどまぁ いいでしょう!
めったに使わないフタはほかのところにしまいます
次回以降やります!
運命のマツダさんチェック
出しっぱなしだった鍋も置けました
ドキドキ
あぁ スッキリしましたね!
良かった〜!
取り出しやすくなりましたか?
はっ
そうだ それが目的…
はい!
スイスイ
そして次回は
シンク下に取りかかります

【14話】

作り付けの棚がジャマな「流しの下」をサステナする

シンクの下に
要冷蔵のもの
入れてないですか?

うぅ うぅう…
イメージ
まるで立体パズル!

Episode 14

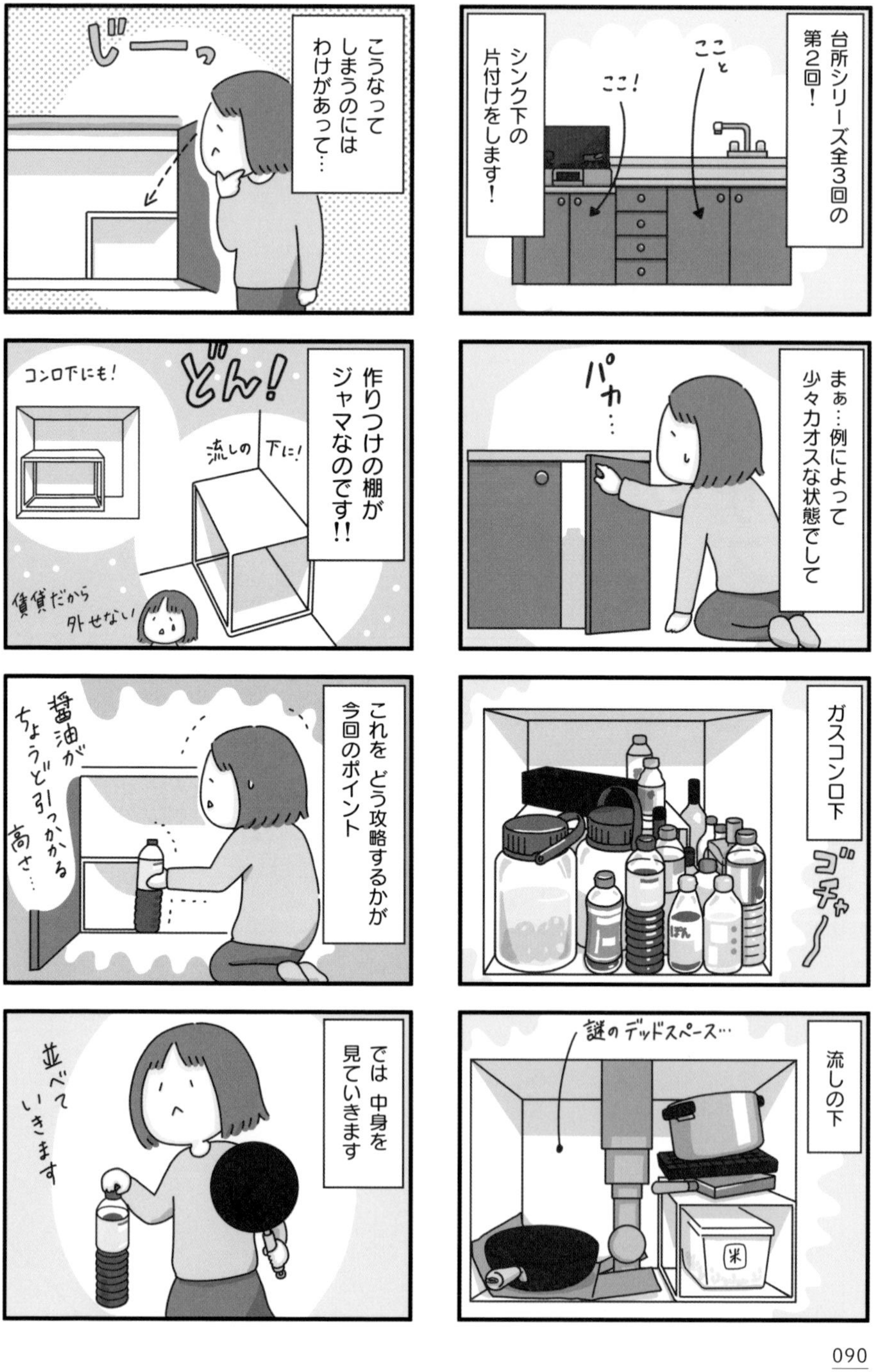
台所シリーズ全3回の第2回！
シンク下の片付けをします！
ここと
ここ！
まぁ…例によって少々カオスな状態でして
パカ…
ガスコンロ下
ゴチャ〜
流しの下
謎のデッドスペース…
こうなってしまうのにはわけがあって…
じーっ
作りつけの棚がジャマなのです!!
どん！
コンロ下にも！
流しの下に！
賃貸だから外せない！
これを どう攻略するかが今回のポイント
醤油がちょうど引っかかる高さ…
では 中身を見ていきます
並べていきます

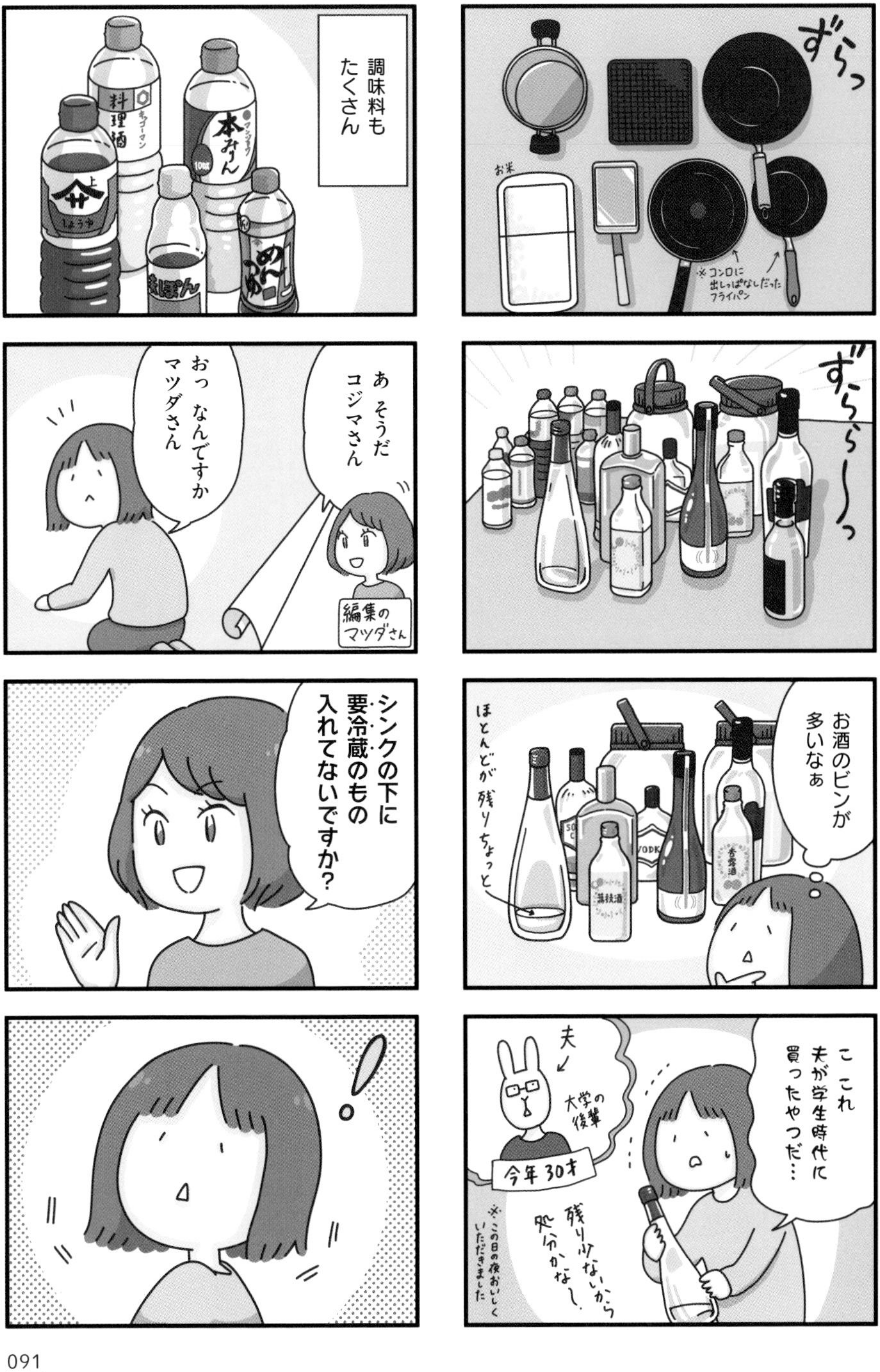
ずらっ
お米
※コンロに出しっぱなしだったフライパン
ずらら〜っ
お酒のビンが多いなぁ
ほとんどが残りちょっと
ここれ
夫が学生時代に買ったやつだ…
夫
大学の後輩
今年30才
残り少ないから処分かなー
※この日の夜おいしくいただきました
調味料もたくさん
料理酒
本みりん
あ そうだ
コジマさん
おっ なんですか
マツダさん
編集のマツダさん
シンクの下に要冷蔵のもの入れてないですか?
!

さて ここで
問題です
突然ですが
この中で どれが
要冷蔵でしょう?
シンク下にしまうものが
絞られてきました
正解は…
これ!!
※開栓後の場合
それでは
大きいものから
置き場所を 決めていきます!
まずは 梅酒
毎年
つけてます…
え~
こんなに要冷蔵なの!?
※メーカーや添加されている
ものによって異なるようです
風味が劣化しやすいものは要冷蔵
背の高さ的に ここしか
入れる所がないなぁ
けっこうある
ここ
ガスコンロ下
流しの下
びっくりしつつも
仕分けたり
古いものを処分したりし
きみはいつ
買ったっけ…?
梅酒を
しまって…

次は 2番目に場所を取るものを置きます
鉄の中華鍋!!
使うたびに油をぬって保管しているので 他の鍋と重ねておけないのです
愛情こめて
育ててます
油
夫のもの
中華鍋はここに
100均のキッチンシートを下にしいて
そして
残りの調味料を入れていくのですが…
ガスコンロの下だと…奥の方が取り出しにくいだろうなぁ
1本分の幅しかない
かといってコンロから遠くに置くのも…
ジュ〜
遠い…
っっ
うぅ ううう…
まるで立体パズル!
イメージ
あれこれと悩みつつ
う〜ん…
うん
うん…
ふとんで休憩

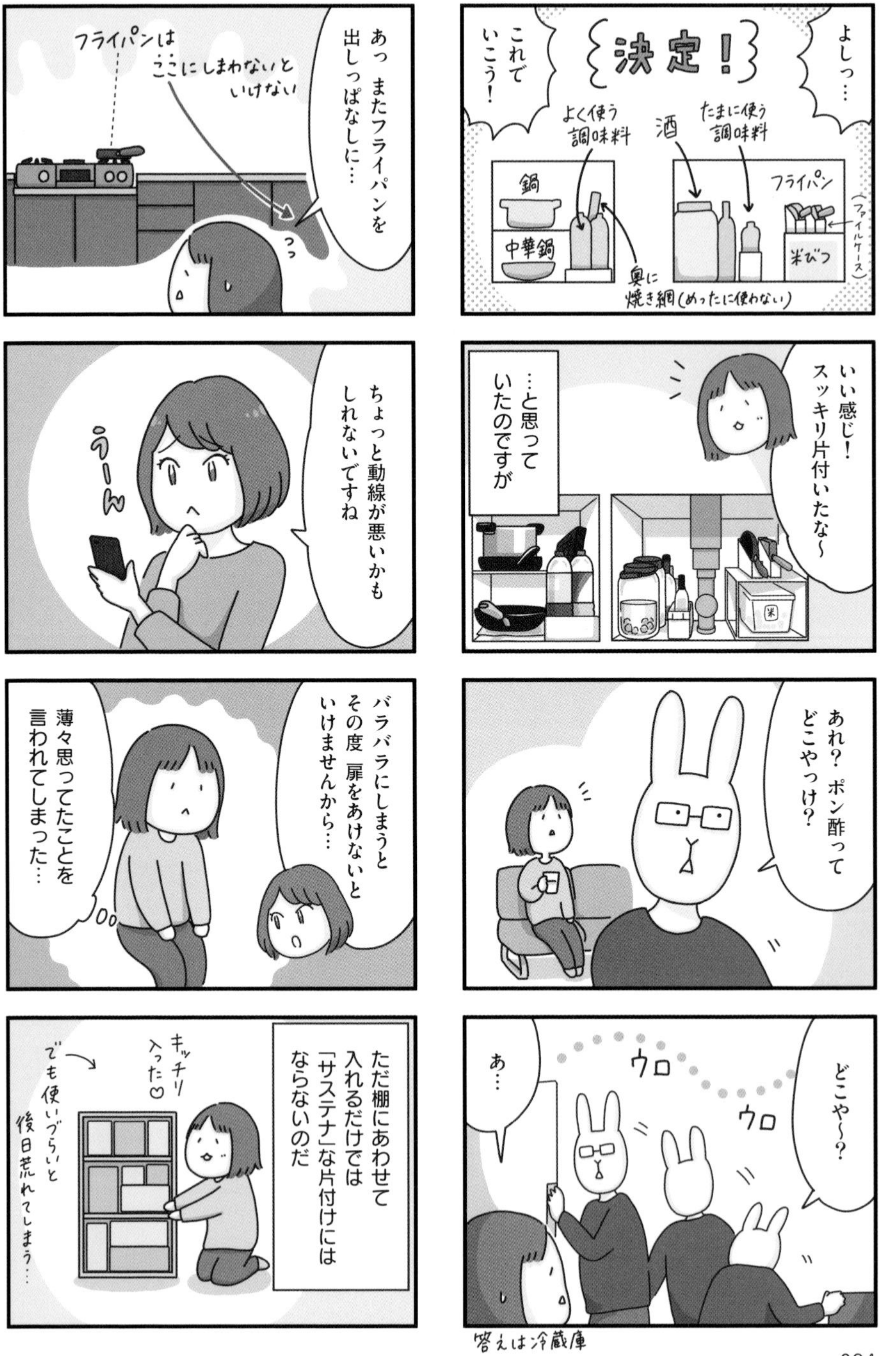
よしっ…
決定！
これでいこう！
よく使う調味料
酒
たまに使う調味料
鍋
中華鍋
フライパン
(ファイルケース)
米びつ
奥に焼き網(めったに使わない)
あっ またフライパンを出しっぱなしに…
フライパンは
ここにしまわないといけない
いい感じ！スッキリ片付いたな〜
…と思っていたのですが
ちょっと動線が悪いかもしれないですね
うーん
あれ？ ポン酢ってどこやっけ？
バラバラにしまうとその度 扉をあけないといけませんから…
薄々思ってたことを言われてしまった…
どこや〜？
ウロ
ウロ
あ…
ただ棚にあわせて入れるだけでは「サステナ」な片付けにはならないのだ
キッチリ入った♡
でも使いづらいと後日荒れてしまう…

答えは冷蔵庫

前回 片付けた棚がありますよね
はい
13話で片付けました
ガスコンロの下は大きい鍋や調味料をしまいました
手前にはよく使うもの
今 流しの下に入れてるものと場所を交換するのは?
おぉ!
「奥の調味料が取り出しにくい問題」には100均のケースを使いました
幅を測って買うとよいです…!
さっそく 流しの下にはかりやボウルをしまい
「たまにしか使わない」ものたち
米
やっとできた~!!
手強かったぞ「作りつけの棚」…!!
使いづらいな!と思ったらどんどん調整していきましょう~
棚には小鍋やフライパンを
洗ったらすぐ置ける!
包丁
そして次回は台所シリーズ最終回
上の棚を片付けます!
ゴチャア…

「夫が学生時代に買った酒」を
片付ける会

【15話】
高くて収納しづらい キッチンの「吊戸棚」をサステナする

Episode 15

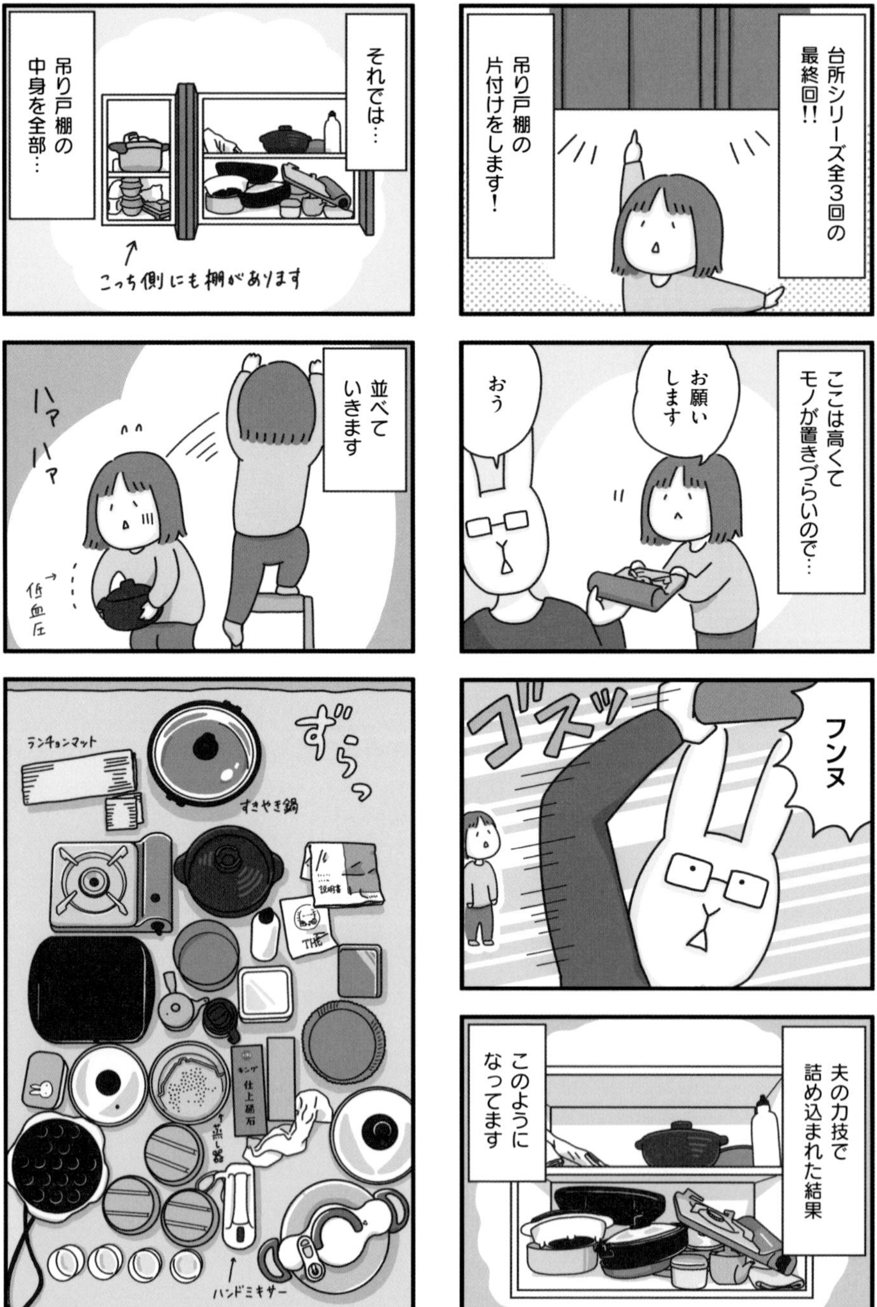
台所シリーズ全3回の最終回!!
吊り戸棚の片付けをします!
ここは高くてモノが置きづらいので…
お願いします
おう
ゴズッ
フンヌ
夫の力技で詰め込まれた結果
このようになってます
それでは…
吊り戸棚の中身を全部…
こっち側にも棚があります
並べていきます
ハァハァ
低血圧
ずらっ
ランチョンマット
すきやき鍋
説明書
キング 仕上砥石
蒸し器
ハンドミキサー

これは…!!
おぎのや
釜めしの容器
楽しい旅の思い出…
長野の駅弁
…が 3つも!?
2回行って2回持って帰ってきた
1つだけ保存に使ってます(11話)
いらないね…
いらないな…
保存容器や水筒ランチョンマットなどは
保存容器やラップをしまっている箱があるのでそこに
※2話参照
なんか…
前はもっと
片付けるものを前にするとソワソワしてたのに
しなくなってきてる気がするなぁ

思い返せば昔から
なんで片付けられないの!?
子どもの頃
母
なんで…!?
こんなふうに聞かれると
ワカラナイ
パニックになっていたけど
今なら答えがわかる
「なんで片付けられないか」それは…
モノの住所が決まってないから!
もしくは住所が入り組んだ所にある
住所が決まっていれば悩まない=片付く
こうやってものをパッと見た瞬間…
あ これはあそこの子だな
食器棚
と わかるとあんまり苦しくならないことに気づきました
さて吊り戸棚ですが
手が届きやすい下の方に使う頻度の高いものを入れるのが基本です

こういう感じに
上
たまにしか使わないもの
季節もの、土鍋、重箱など
下
比較的よく使うもの
あと砥石《といし》なんかは前回 片付けたシンク下に入るのでは？
キング 仕上砥石
確かに…
それでは入れていきます
圧力鍋は比較的使うので下の段
その周りに圧力鍋関連のモノを置いて…
付属の蒸し器
圧力かけない時用のフタ
13話でしまえなかったフタ、置ける…!!
ファイルケース
「圧力鍋セット」で左側の棚はまとまりました
残りを右側の棚に入れていきます
上の段
土鍋
すきやき鍋
お菓子の型
ハンドミキサー
「お菓子作りセット」は箱にまとめるといいかも
ホームセンターで買いました
お〜!!

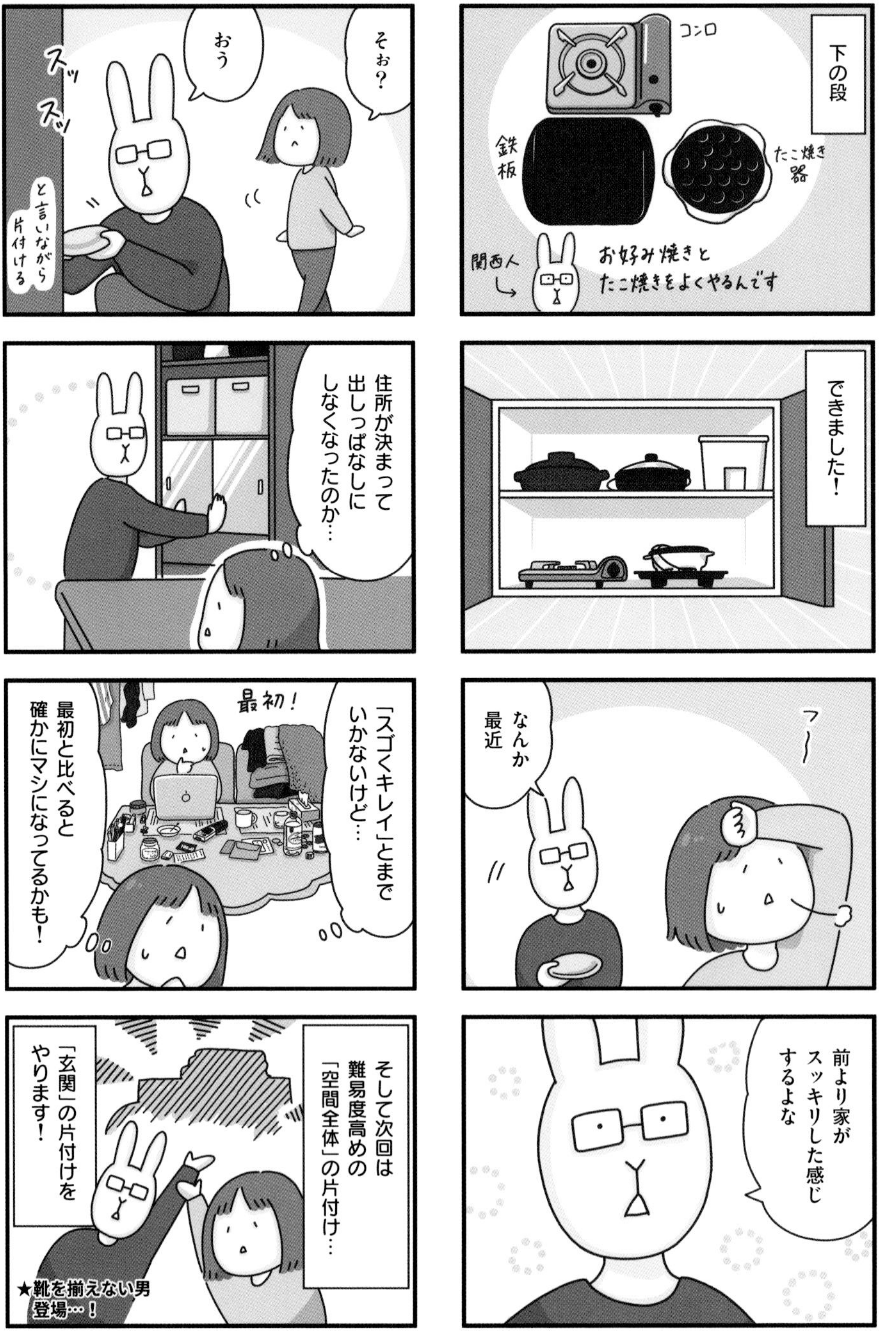

下の段
コンロ
鉄板
たこ焼き器
関西人
お好み焼きとたこ焼きをよくやるんです
できました!
なんか最近
ふ〜
前より家がスッキリした感じするよな
そぉ?
おう
スッ
スッ
と言いながら片付ける
住所が決まって出しっぱなしにしなくなったのか…
最初!
「スゴくキレイ」とまでいかないけど…
最初と比べると確かにマシになってるかも!
そして次回は難易度高めの「空間全体」の片付け…
「玄関」の片付けをやります!
★靴を揃えない男登場…!

【16話】万年靴出しっぱなしの玄関をサステナする

Episode 16

今日は玄関の片付けをします!
我が家《や》の玄関は…
こんな感じ…
たまった新聞
自転車
靴が散らばってますね
あら～
夫が…
靴をしまう習慣がなくて
私の靴は手前のラックによけてます…
編集のマツダさん
いや コジマさん それは
靴を出しっぱなしだからですよ!
原因作ってます!
靴が出てないキレイな玄関だったらしまうようになりますよ
な…
なるほど…!!
と いうことで
今回は 我が家が「靴をしまえるようになるまで」を お送りします
うむ
大丈夫かな～? 夫はやってくれるかな?
ウロ
ウロ
まず床に新聞紙しいて玄関のもの並べてー
じっ
ビットコイン…
大丈夫かな…

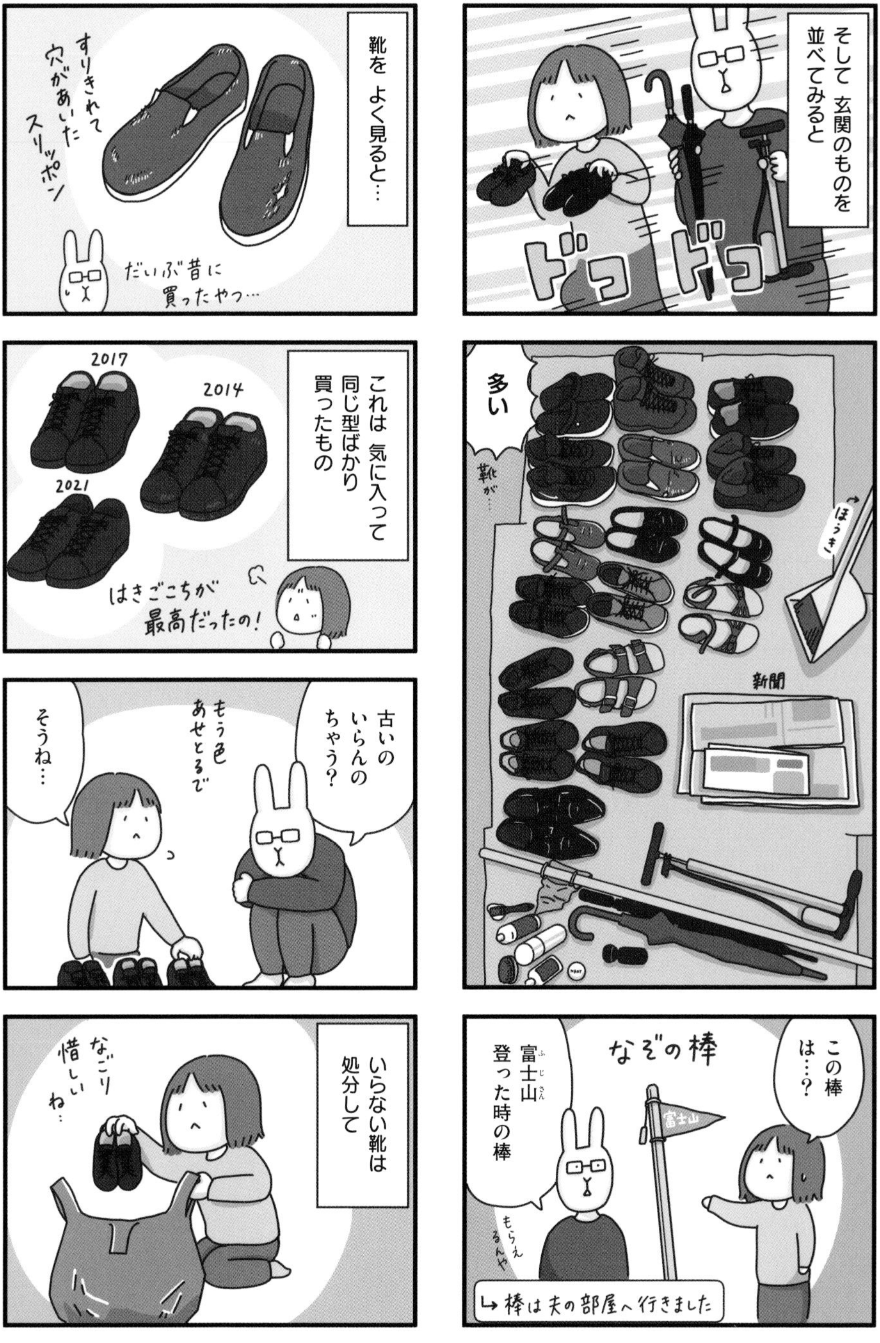
そして 玄関のものを並べてみると
ドッ ドッ
多い
靴が…
ほうき
新聞
この棒は…?
なぞの棒
富士山《ふじさん》登った時の棒
富士山
もらえるんや
↳棒は夫の部屋へ行きました
靴を よく見ると…
すりきれて穴があいたスリッポン
だいぶ昔に買ったやつ…
これは 気に入って同じ型ばかり買ったもの
2017
2014
2021
はきごこちが最高だったの!
古いのいらんのちゃう?
もう色あせとるで
そうね…
いらない靴は処分して
なごり惜しいね…

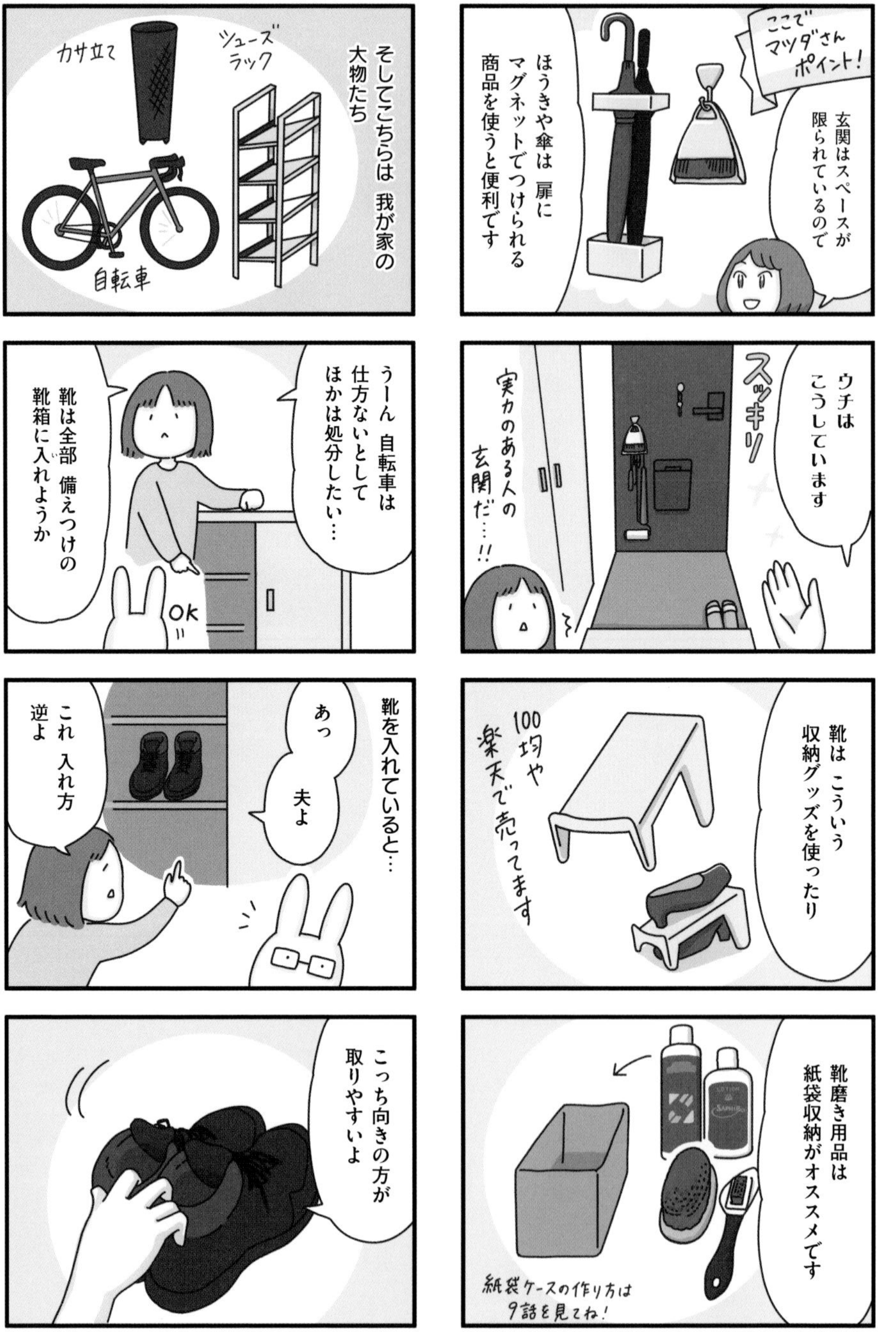

ここでマツダさんポイント!
玄関はスペースが限られているので
ほうきや傘は 扉にマグネットでつけられる商品を使うと便利です
ウチはこうしています
スッキリ
実力のある人の玄関だ…!!
靴は こういう収納グッズを使ったり
100均や楽天で売ってます
靴磨き用品は紙袋収納がオススメです
紙袋ケースの作り方は9話を見てね!
そしてこちらは 我が家の大物たち
カサ立て
シューズラック
自転車
うーん 自転車は仕方ないとしてほかは処分したい…
靴は全部 備えつけの靴箱に入《い》れようか
OK
靴を入れていると…
あっ
夫よ
これ 入れ方逆よ
こっち向きの方が取りやすいよ

それにね
よく使うものほど取りやすい位置に置いた方がいいのよ
マツダさんのうけうり
ほぉ…
あと こういう傘立てがいいらしいよ
おお!!
マグネット式
スゲー
片付けって「情報」やな!!
おっ?
知ってる人に聞かんとわからんからなぁ
確かに…
今まで片付けは素質だと思っていたけど
片付けのできる姉→
情報を得ることで
家が片付いていってるな…
よし!
玄関を掃こう!
全部入った!
ムム…
よく見ると汚いな
私は新聞片付けるね

ウロ
ウロ
ぞうきんで ふきたい…
あ いらない 布があるよ
おぉぉ
ゾーンに 入《はい》ってきた
!?
夫は熱中すると やりすぎるクセがあるのだ
キュッ
キュッ キュッ
そして…
キュ
キュ
キュ
キュ
キュ
キュ
ゴクリ
こんなに キレイに
なりました!
傘立ては マグネット式へ
普段ばき だけ
できた~!! いいぞ!
キレイな玄関を 保《たも》とう!
でも まだたまに 忘れることもあります
お靴 出てるよ…
あ!

服をたたんでいて
思うこと
「着る服」と「着てない服」
の差 結構あるな…!!
キレイ…
ボロ…
こんな感じ
着てない服
着る服
高くて着にくい
そこそこの服
着すぎて
ボロボロ→処分
実は「ふだん着」って
このゾーンだけ…!!
私は人生のほとんどの時間を
「そこそこキレイなユ●クロ」
で過ごしているのか…!!
ユ●クロ
ユ●クロ
もったいないと言わずに
高い服も着よう!と
思いました

【17話】

洗たく物の溜まり場をなくしてかごを導入する

Episode 17

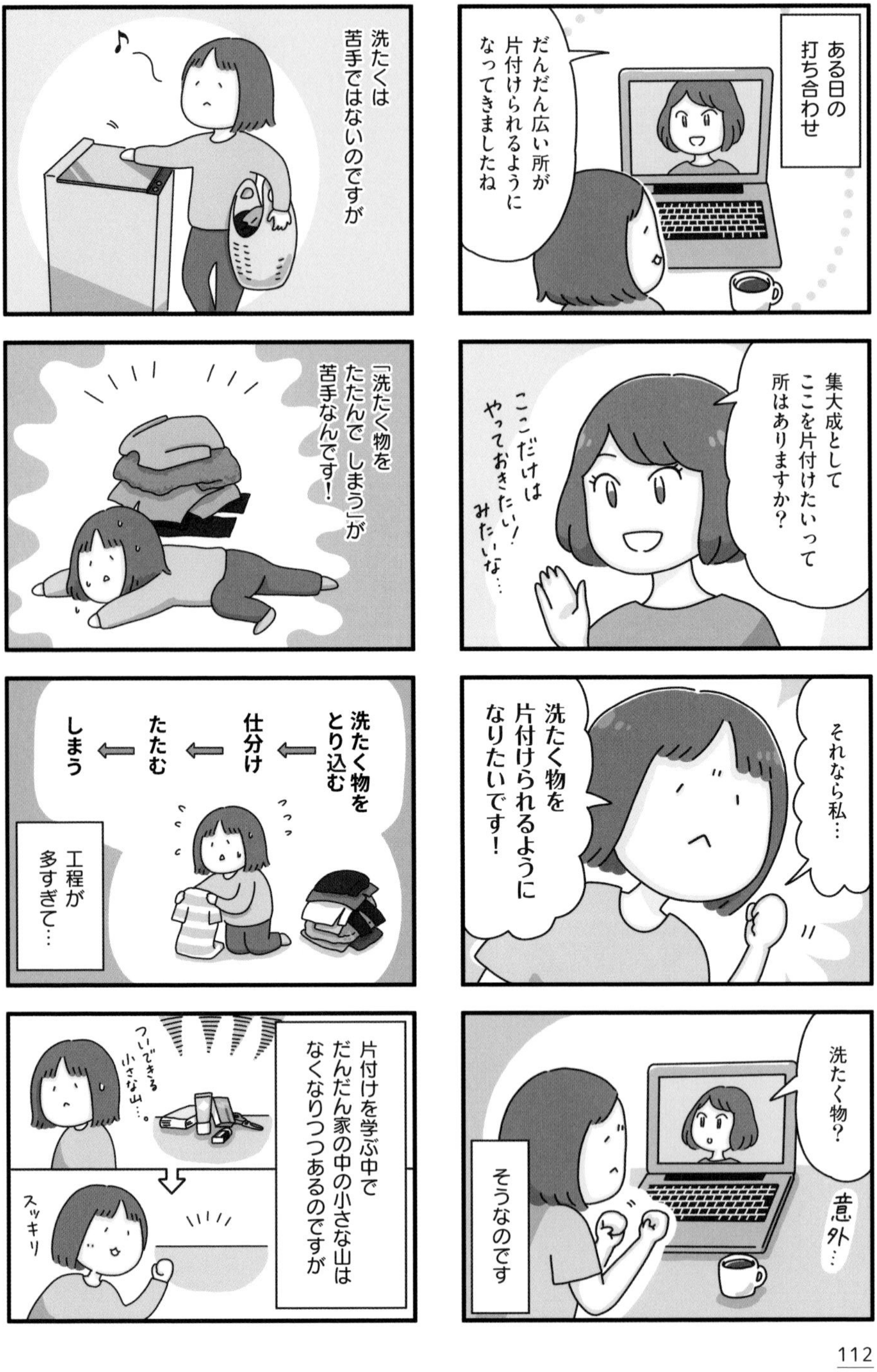
ある日の打ち合わせ
だんだん広い所が片付けられるようになってきましたね
洗たくは苦手ではないのですが
集大成としてここを片付けたいって所はありますか？
ここだけはやっておきたい！みたいな…
「洗たく物をたたんで しまう」が苦手なんです！
それなら私…
洗たく物を片付けられるようになりたいです！
洗たく物をとり込む ← 仕分け ← たたむ ← しまう
工程が多すぎて…
洗たく物？
意外…
そうなのです
片付けを学ぶ中でだんだん家の中の小さな山はなくなりつつあるのですが
ついできる小さな山…。
スッキリ

洗たく物だけは…
アリ塚ならぬ「洗たく塚」に
取り込んだ洗たく物
そうですね…
思えば 母はキッチリしていて
我が家の洗たく塚は2か所
①私の部屋の椅子の上
洗たく物は しっかりアイロンをかけてタンスにしまっていた
②夫の部屋（兼 寝室）の床…
子どものハンカチやリボンまでアイロンをかける徹底ぶり
絶対できない
ところでコジマさんのお母《かあ》様《さま》はどんなふうにしてたんですか？
洗たく物は…
私には とてもマネできず…
MURI
私もそこまではできないですねー
お母様がしっかりしすぎてて参考にできなかったんですね…

あっ そうだ
「服をしまう」つながりで…
一つ聞きたいことがあったんです
…ちょっと聞きにくいのですが
1回着たけどすぐ洗わない服って どこに置いとくものでしょうか？
1回着た服
まだいけるわ
2回目
………
えっ 私だけ…!?
みんな毎回洗ってる!?
あ いやいや ありますよ！
カーディガンとか洗わない時ありますね
インナーだけ洗って
よかった あります よね！
みんなどうしてるんだろうと思って
うーん ハンガーにかけておいて消臭スプレーですかね？
あぁ～… コートみたいな扱いか…
なるほど…
服にも「一時物入れ」的な場所を作るといいんですね
一時物入れ（2話）
よく使うカバンなど入れています

そうですね
そもそも… 1度着たものだけ じゃなくて
洗たく物って必ずしも
たたんでタンスに しまわなくても いいんですよね
!?
しまうのが おっくうなら…
今 なんと…？
全部 吊るしたまま 収納すればいい
乾かした姿の まま…
クローゼットに ハンガーごと しまう
た…確かに
あるいは カゴを用意して
そこに取り込んだ 洗たく物を入れて
そこから 着ちゃう
!!
そ…そんな 方法が!!
目ウロコ
同じ服ばかり 着ることに なるかもですが…
「しまう」ストレスは なくなりますよね

それでは とりあえず カゴを3つ 買ってみましょうか
・洗たく済みの服
・まだ洗わずに着られる服を入れて、ここから着ちゃう
3つですか…
夫用
妻用
共用
でやってみましょう!
そのうち クローゼットの片付けも必要になってくると思うので おいおいやって
コジマ家《け》の洗たく物の「サステナ」なルール作りをしましょう!
おぉ
ということで…
収納コーナー
どの大きさがいい?
うーん でかい方
買ってみました!
布を編んだタイプのバスケット
おぉ〜 いい感じ
夫の部屋の畳《たたみ》が見える…
ホロリ
私の部屋
…………
はみ出しっ
見栄張って小さいのを買ってしまった…
ぜんぜん足りない…
後日 大きいものに買い直しました
洗たく物ルール作り まだまだ続きます…!!

【18話】
洋服を処分してスペースに空きを作る

Episode 18

前回
苦手な「洗たく物の片付け」について話し合った我々
たたんでしまうのが苦手で…
それならですねー!
編集のマツダさん
取り込んだ洗たく物を入れそこから着ちゃうためのカゴを購入
これですべて上手くいくかと思いきや
その前に
始末せねばならないものが…
もりっ
これは洗たく物たたみがストレスすぎて
ハァハァ
……
できてしまった アリ塚ならぬ「洗たく塚」なのですが
バサッ
あとで
そのまま カゴに移せばいいのでは? と 思いきや
よく見ると
モコッ

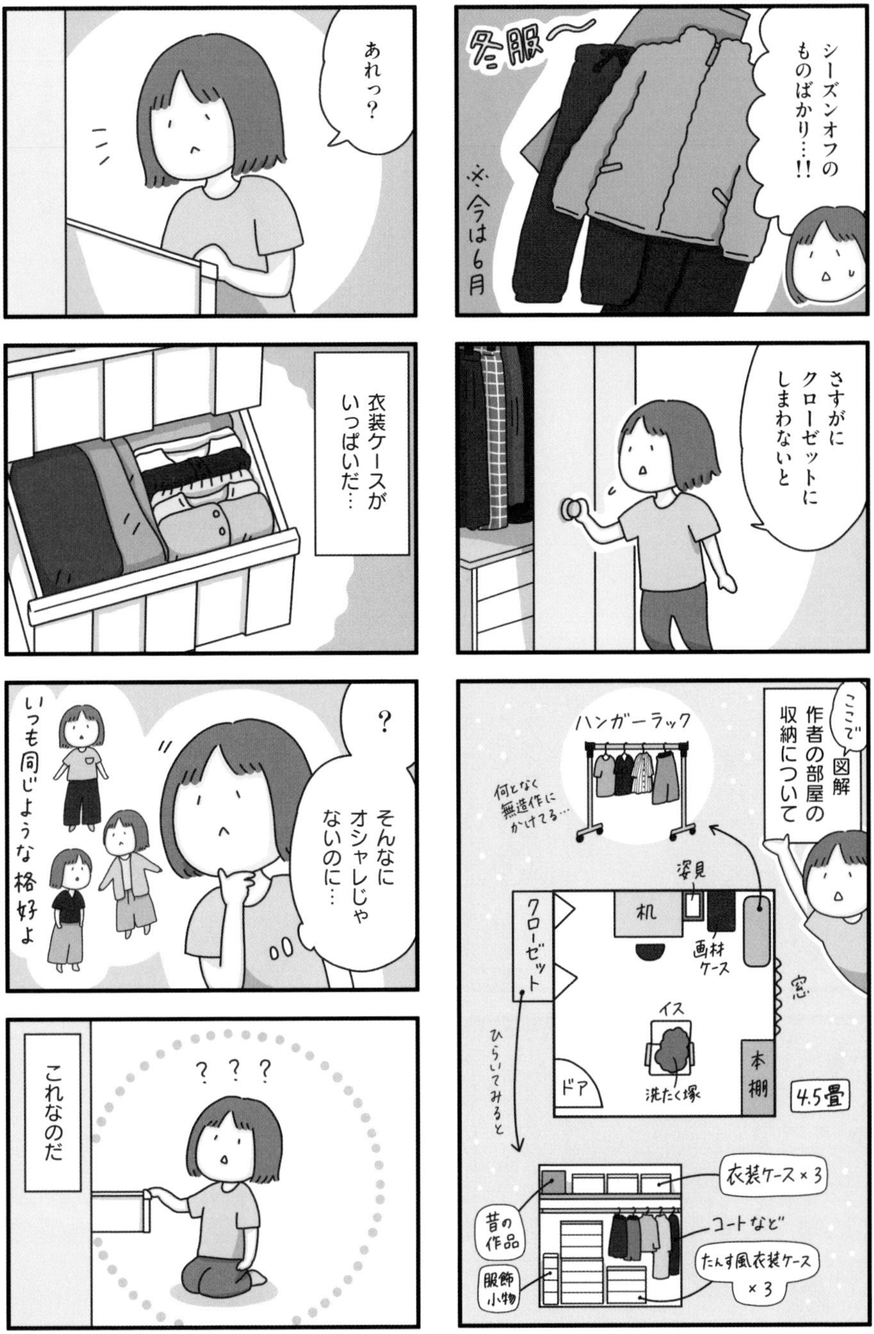
あれっ？
冬服〜
シーズンオフのものばかり…!!
※今は6月
衣装ケースがいっぱいだ…
さすがにクローゼットにしまわないと
？
そんなにオシャレじゃないのに…
いつも同じような格好よ
ここで図解
作者の部屋の収納について
ハンガーラック
何となく無造作にかけてる…
姿見
机
画材ケース
窓
クローゼット
イス
洗たく塚
本棚
ドア
4.5畳
ひらいてみると
衣装ケース×3
昔の作品
コートなど
たんす風衣装ケース×3
服飾小物
？？？
これなのだ

洗たく物の片付けで つらいのは この
やることが 積み重なる感じ
え〜と…
これを 全部やらないと 片付かない…!!
ズシッ
洗たく物たたみ
クローゼット整理
服の処分
フリーズ
そして 数日後
そう、数日後…
これを機に スムーズな仕組みを 作るっきゃない
とりあえず 服の処分だ!!
どんな服が あるんだっけ…?
おそる おそる
4年くらい前に買った キレイな色のカーディガン
でも 形が古い
今のボトムに あわない
思い切って買った ちょっと高めの服
でも 着ごこちが 悪い
ツルツルで 汗を吸わない

お…おぉ
ヨヨ…
どうした?
忘れてた服が続々と
何年もしまい込んでた
もう漬け物やん…
処分しいや
ウッ
でもまだ着られるし着るかも…
着ぃへんて
どんっ
アッサリ
ひとまず何も考えず「漬け物」たちをゴミ袋に移すことに
ただ移すだけ…
移すだけ…
なごりおしくなるので自己暗示
どん
まだキレイなものは古着屋とフリマアプリへ…
これで衣装ケースはあいた…
入れていこう
ん?
キチッ
なんか妙に
キレイにたたんでいる
ひょっとしてこれが
しんどい原因では…!?

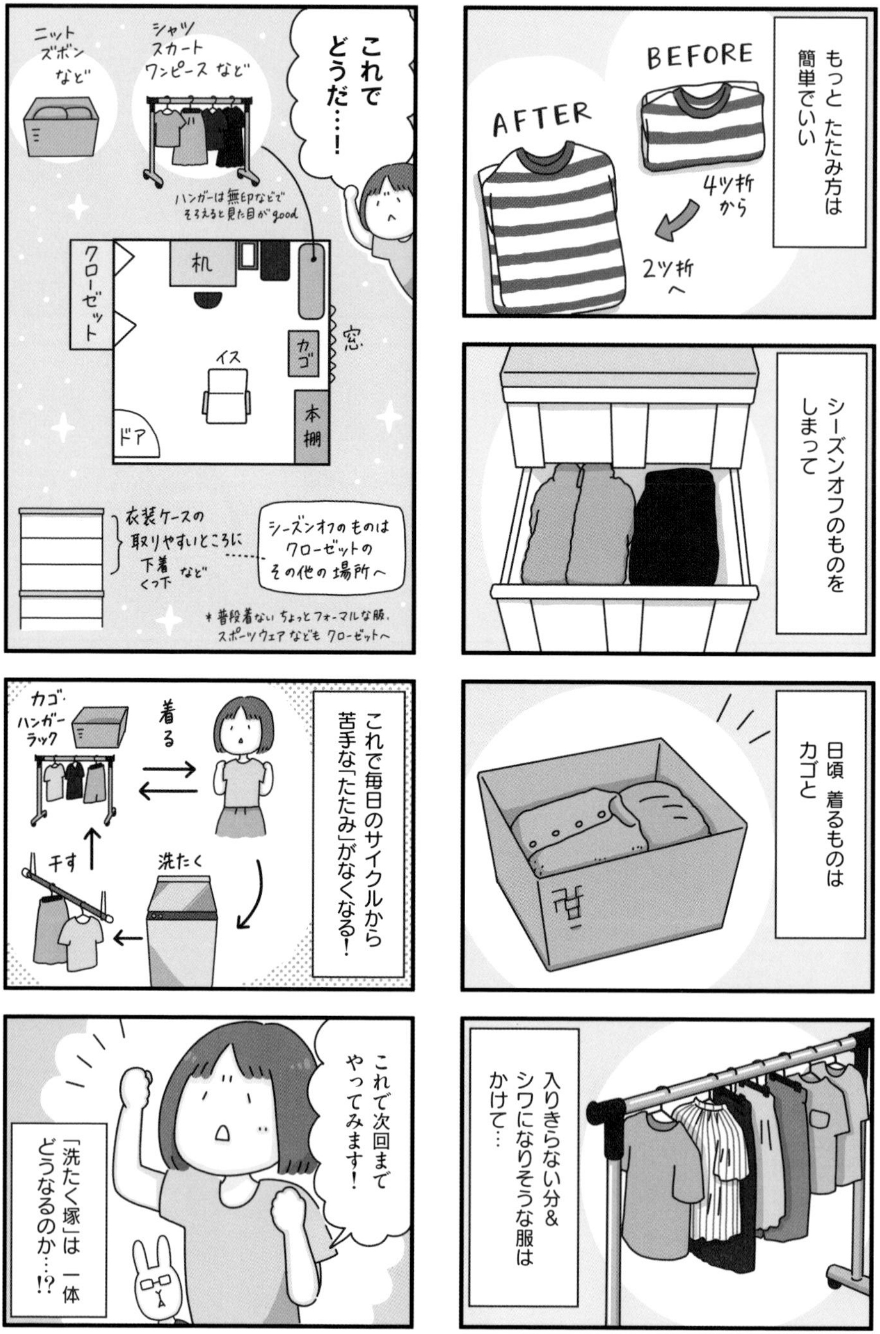
もっと たたみ方は簡単でいい
BEFORE
AFTER
4ツ折から
2ツ折へ
シーズンオフのものをしまって
日頃 着るものはカゴと
入りきらない分&シワになりそうな服はかけて…
これでどうだ…!
ニット
ズボン
など
シャツ
スカート
ワンピース など
ハンガーは無印などでそろえると見た目がgood
クローゼット
机
窓
カゴ
イス
本棚
ドア
衣装ケースの取りやすいところに
下着
くつ下 など
シーズンオフのものはクローゼットのその他の場所へ
＊普段着ない ちょっとフォーマルな服、スポーツウェアなども クローゼットへ
これで毎日のサイクルから苦手な「たたみ」がなくなる!
カゴ・ハンガーラック
着る
洗たく
干す
これで次回までやってみます!
「洗たく塚」は 一体どうなるのか…!?

【19話】コジマ家独自の洗たく物サステナルールができた！

Episode 19

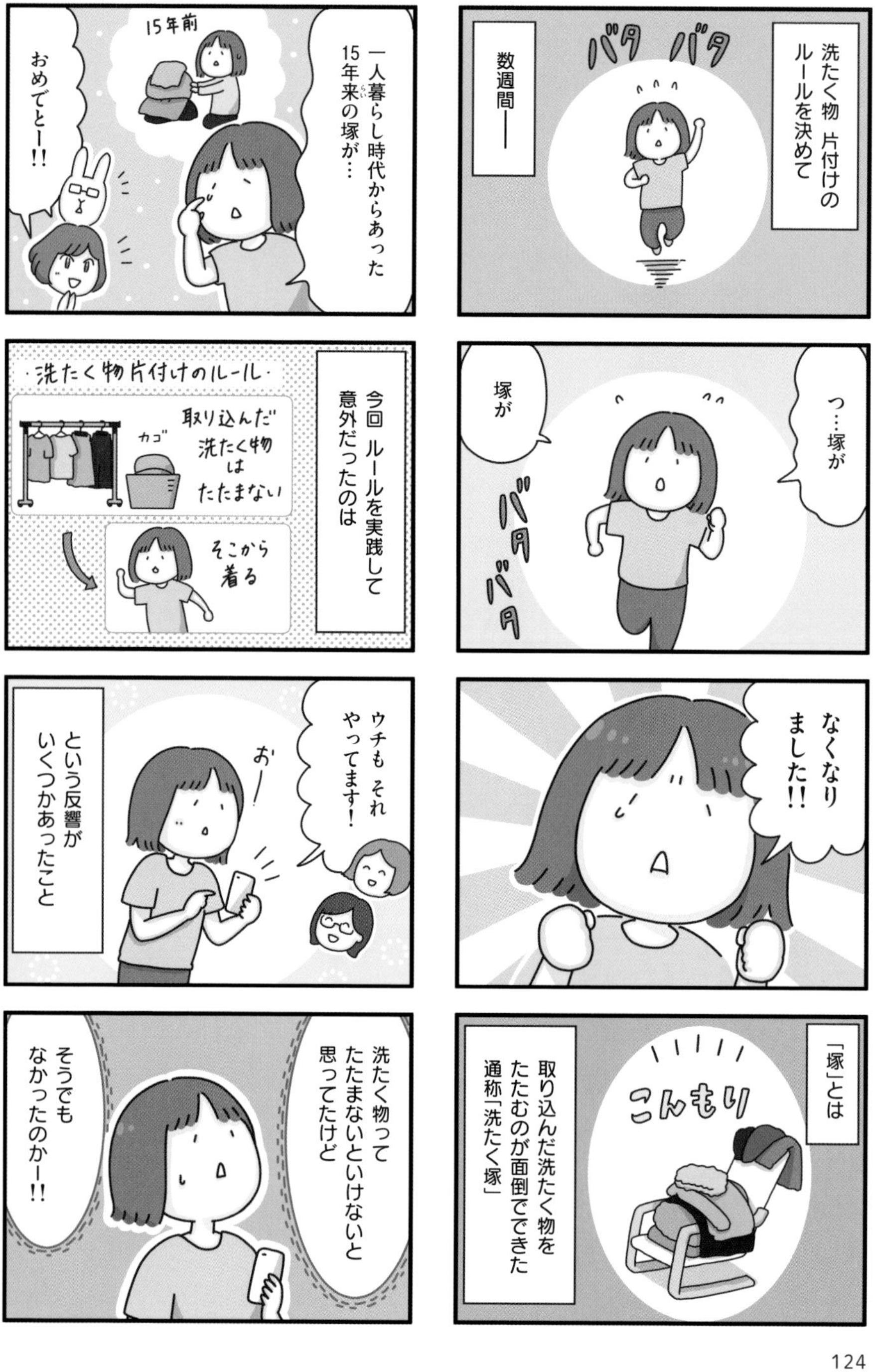
洗たく物 片付けのルールを決めて
バタ バタ
数週間——
つ…塚が
塚が
バタ
バタ
なくなりました!!
「塚」とは
こんもり
取り込んだ洗たく物をたたむのが面倒でできた通称「洗たく塚」
一人暮らし時代からあった15年来《らい》の塚が…
15年前
おめでとー!!
今回 ルールを実践して意外だったのは
・洗たく物片付けのルール・
取り込んだ洗たく物はたたまない
カゴ
そこから着る
ウチも それやってます!
おー
という反響がいくつかあったこと
洗たく物ってたたまないといけないと思ってたけど
そうでもなかったのかー!!

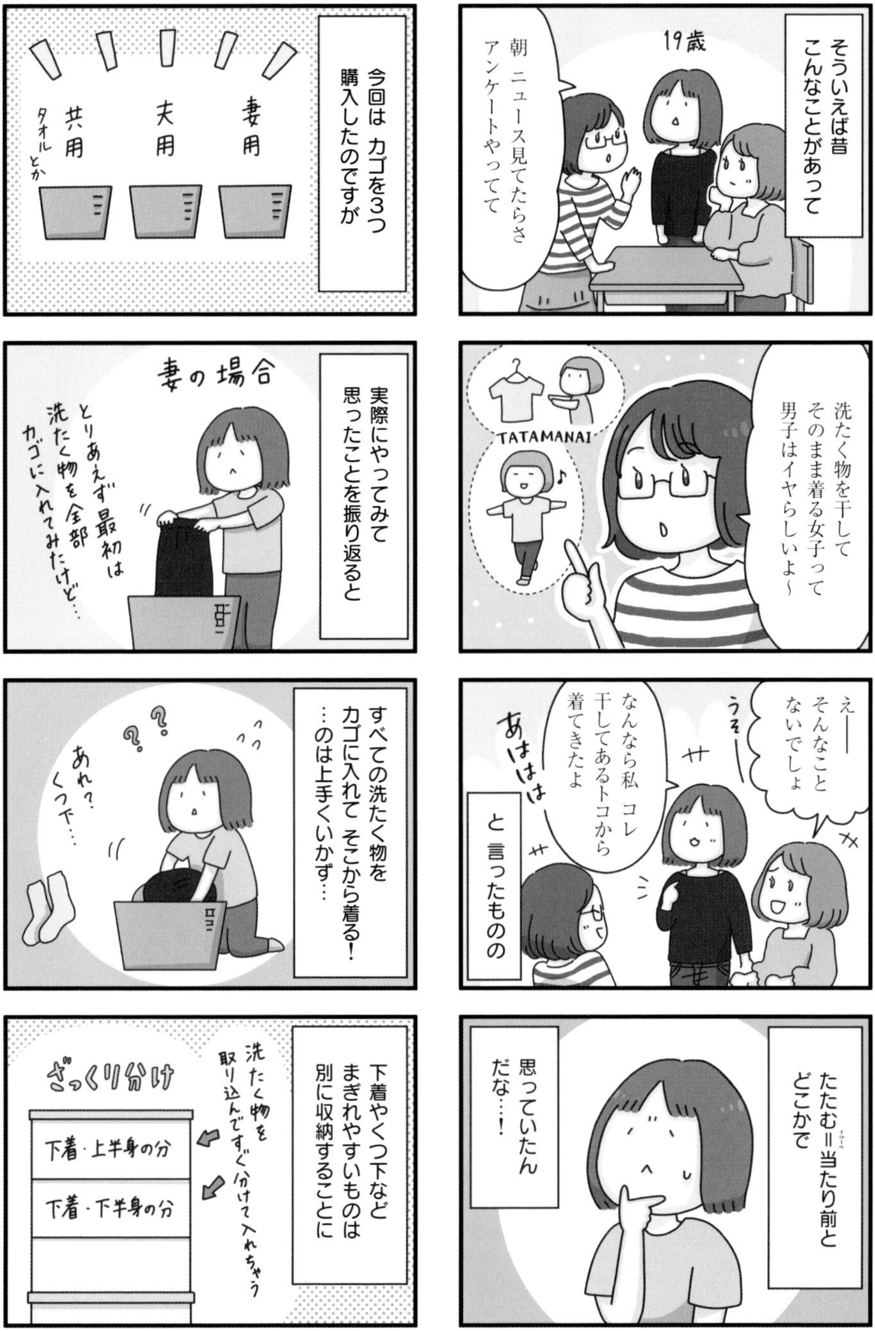
そういえば昔
こんなことがあって
19歳
朝 ニュース見てたらさ
アンケートやってて
洗たく物を干して
そのまま着る女子って
男子はイヤらしいよ〜
TATAMANAI
え——
そんなこと
ないでしょ
うそー
なんなら私 コレ
干してあるトコから
着てきたよ
あははは
と言ったものの
たたむ=《イコール》当たり前と
どこかで
思っていたん
だな…!
今回は カゴを3つ
購入したのですが
妻用
夫用
共用
タオルとか
実際にやってみて
思ったことを振り返ると
妻の場合
とりあえず最初は
洗たく物を全部
カゴに入れてみたけど…
すべての洗たく物を
カゴに入れて そこから着る!
…のは上手くいかず…
あれ?
くつ下…
下着やくつ下など
まぎれやすいものは
別に収納することに
ざっくり分け
洗たく物を
取り込んですぐ分けて入れちゃう
下着・上半身の分
下着・下半身の分

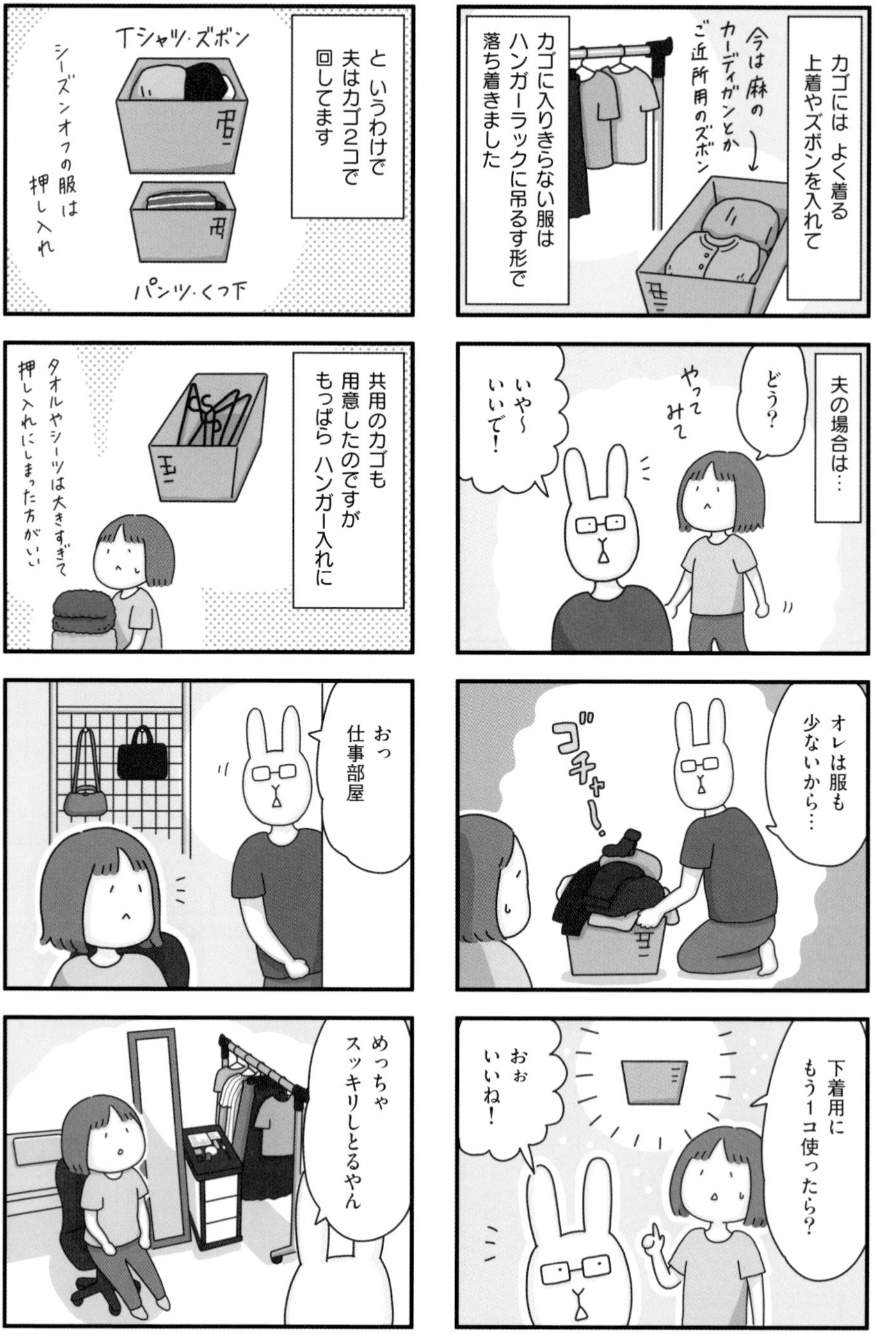
カゴには よく着る
上着やズボンを入れて
今は麻の
カーディガンとか
ご近所用のズボン
カゴに入りきらない服は
ハンガーラックに吊るす形で
落ち着きました
夫の場合は…
どう?
やってみて
いや〜
いいで!
オレは服も
少ないから…
ゴチャー!
下着用に
もう1コ使ったら?
おぉ
いいね!
と いうわけで
夫はカゴ2コで
回してます
Tシャツ・ズボン
パンツ・くつ下
シーズンオフの服は
押し入れ
共用のカゴも
用意したのですが
もっぱら ハンガー入れに
タオルやシーツは大きすぎて
押し入れにしまった方がいい
おっ
仕事部屋
めっちゃ
スッキリしとるやん

思えば色んな所が片付いたよなー
スチールラック
玄関
ゴミ置き場
そうね…
確かに最初はカオスだった…
でも
連載をやって目が肥えたのか
あっ あのバスタオル気になるな…
じっ
頂き物の紅茶出しっぱなしだな…
じっ
頂き物って置き場所決めそびれがち
もっとこうすればキレイになる
チュイ〜ン
という目にいつの間にかなっていた
今まではゴチャゴチャがあると
過去の私

連載前は片付けというと
ムゥ…こんなにルールが…
ムリ…
片付け50のルール
HowTo本が苦手
責められてる気がして
見ないようにしよう
だったのに…!!
きっと ものすごく…生まれかわるほどの修行をしないといけないんだ
今生はあきらめよう…
と思っていたのが
「モノの住所を決める」シンプルなルールだけで
整った部屋がキープできる「サステナ片付け」を
これからも続けていきます
いやぁ成長したな!
夫はどうでした?
そうやな〜
連載で家がキレイになって良かったで!
また こういう仕事持ってきてくれへんかな
パシン
他力本願

サステナ片付け
できるかな？

おーそんな服持ってたんや!
ウフフ
私も同じことを思っている
埋もれていた…

【20話】サステナできてるとこ できてないとこ検証

Episode 20

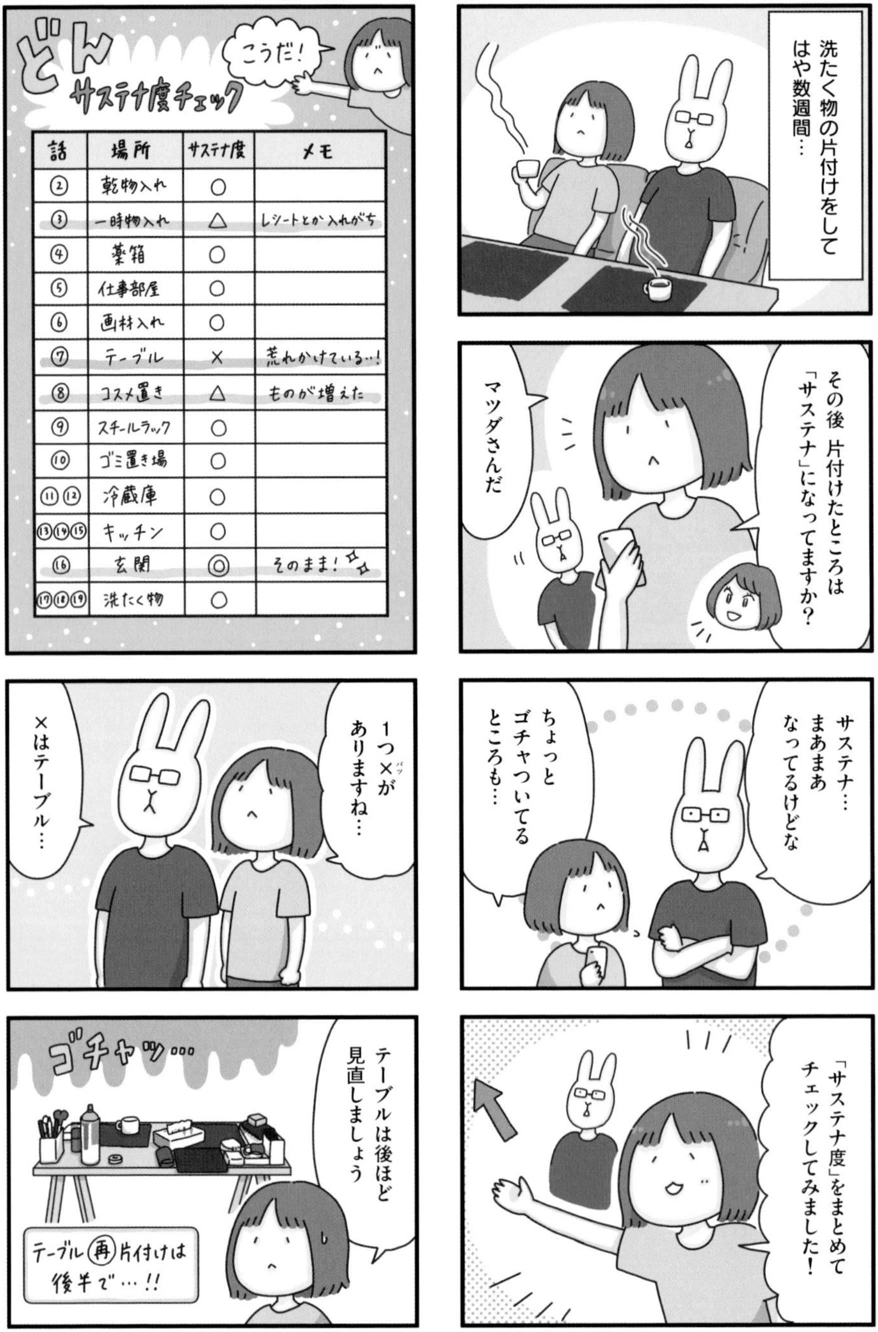
洗たく物の片付けをして はや数週間…
その後 片付けたところは「サステナ」になってますか?
マツダさんだ
サステナ… まあまあ なってるけどな
ちょっと ゴチャついてる ところも…
「サステナ度」をまとめて チェックしてみました!
どん
サステナ度チェック
こうだ!
話 場所 サステナ度 メモ
② 乾物入れ ○
③ 一時物入れ △ レシートとか入れがち
④ 薬箱 ○
⑤ 仕事部屋 ○
⑥ 画材入れ ○
⑦ テーブル × 荒れかけている…!
⑧ コスメ置き △ ものが増えた
⑨ スチールラック ○
⑩ ゴミ置き場 ○
⑪⑫ 冷蔵庫 ○
⑬⑭⑮ キッチン ○
⑯ 玄関 ◎ そのまま!
⑰⑱⑲ 洗たく物 ○
1つ×《バツ》が ありますね…
×はテーブル…
ゴチャッ…
テーブルは後ほど 見直しましょう
テーブル再片付けは 後半で…!!

一番キレイが「サステナ」に続いてるのは
玄関!
片付けた日と変わらないキレイさ!
最初は靴をしまい忘れることもありましたが
でも結構すぐ習慣になった
帰った時に玄関がキレイなのはやっぱりいい…♡
他の場所もそこそこキレイなまま
サステナ度〇《マル》のゾーン
乾物入れ
スチールラック
冷蔵庫
薬箱
画材入れ
など…
中に入れるものが増える日もあって
あっ
みっしり。。
ノンアルいっぱい買っちゃった…
そういう時は悩むのですが
うーん うーん
野菜室ならいけるか!?
なんとか工夫しておさまってます
野菜室に"ノンアルコーナー"を
ふー

若干 荒れがちなのが
サステナ度△…。
一時物入れ
コスメ置き
さて 改めて
ばーーーーん
テーブルです！
一時物入れは
紙類がね…
ついつい入れがち
そして数か月…
「台」って…難しいんだよね
気軽に置いてしまう
コスメ置きはモノが増えてちょっとゴチャゴチャに
季節もの
旅行の時小分けにしたやつ…
あと テーブルゴチャついてきたので
定期的に片付ける日を作るといいかも
総ざらいだ！
ゴチャついたテーブル＝《イコール》なんでも置いていい
と 無意識に認識しているらしく

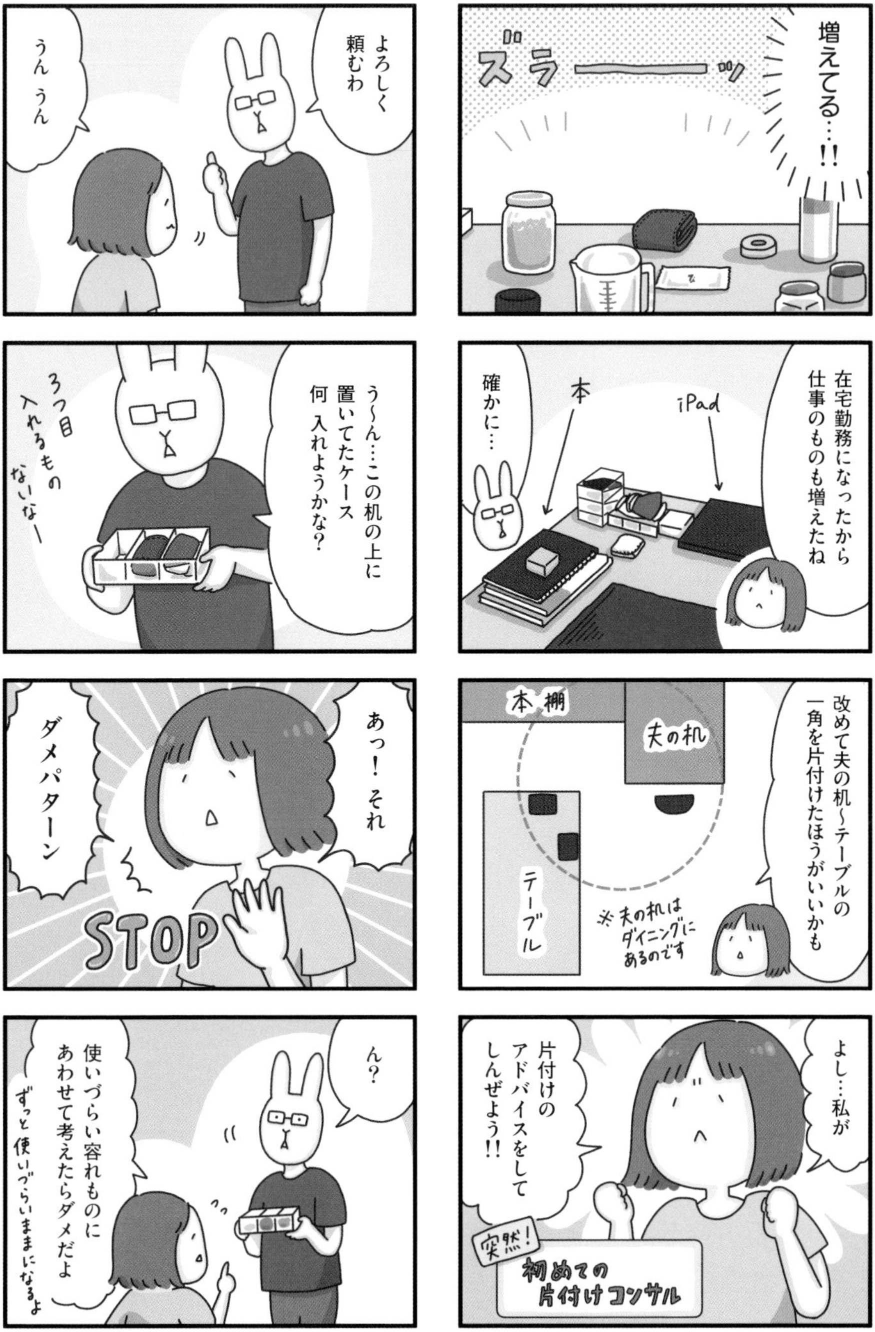

ズラーーーッ
増えてる…!!
在宅勤務になったから仕事のものも増えたね
確かに…
本
iPad
改めて夫の机〜テーブルの一角を片付けたほうがいいかも
本棚
夫の机
テーブル
※夫の机はダイニングにあるのです
よし…私が
片付けのアドバイスをしてしんぜよう!!
突然!
初めての片付けコンサル
よろしく頼むわ
うん うん
う〜ん…この机の上に置いてたケース何入れようかな?
3つ目入れるものないな〜
あっ! それ
ダメパターーン
STOP
ん?
使いづらい容れものにあわせて考えたらダメだよ
ずっと使いづらいままになるよ

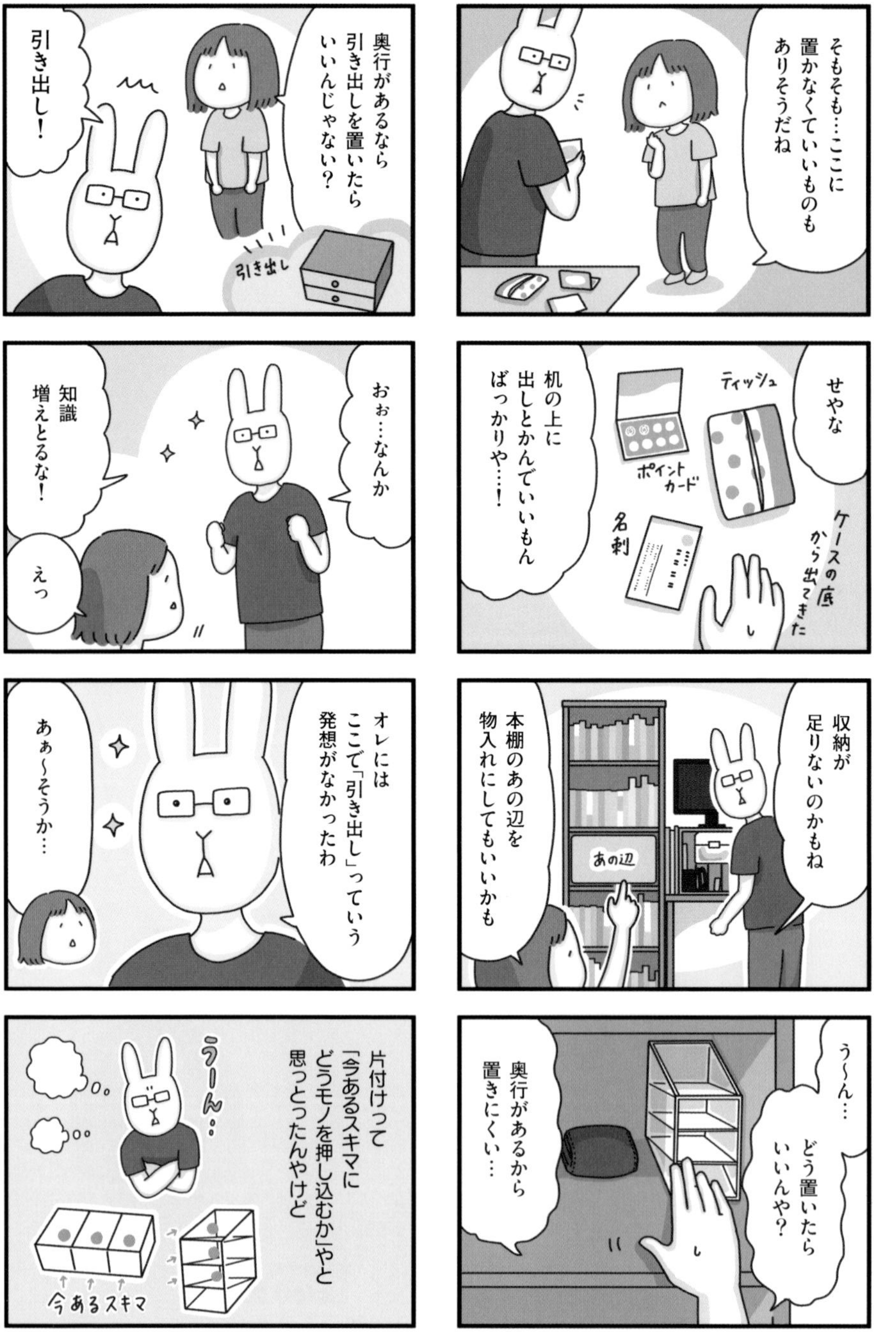
そもそも…ここに置かなくていいものもありそうだね
せやな
机の上に出しとかんでいいもんばっかりや…!
ティッシュ
ポイントカード
名刺
ケースの底から出てきた
収納が足りないのかもね
本棚のあの辺を物入れにしてもいいかも
あの辺
う〜ん…
どう置いたらいいんや?
奥行があるから置きにくい…
奥行があるなら引き出しを置いたらいいんじゃない?
引き出し!
引き出し
おぉ…なんか
知識増えとるな!
えっ
オレにはここで「引き出し」っていう発想がなかったわ
あぁ〜そうか…
片付けって「今あるスキマにどうモノを押し込むか」やと思っとったんやけど
う〜ん…
今あるスキマ

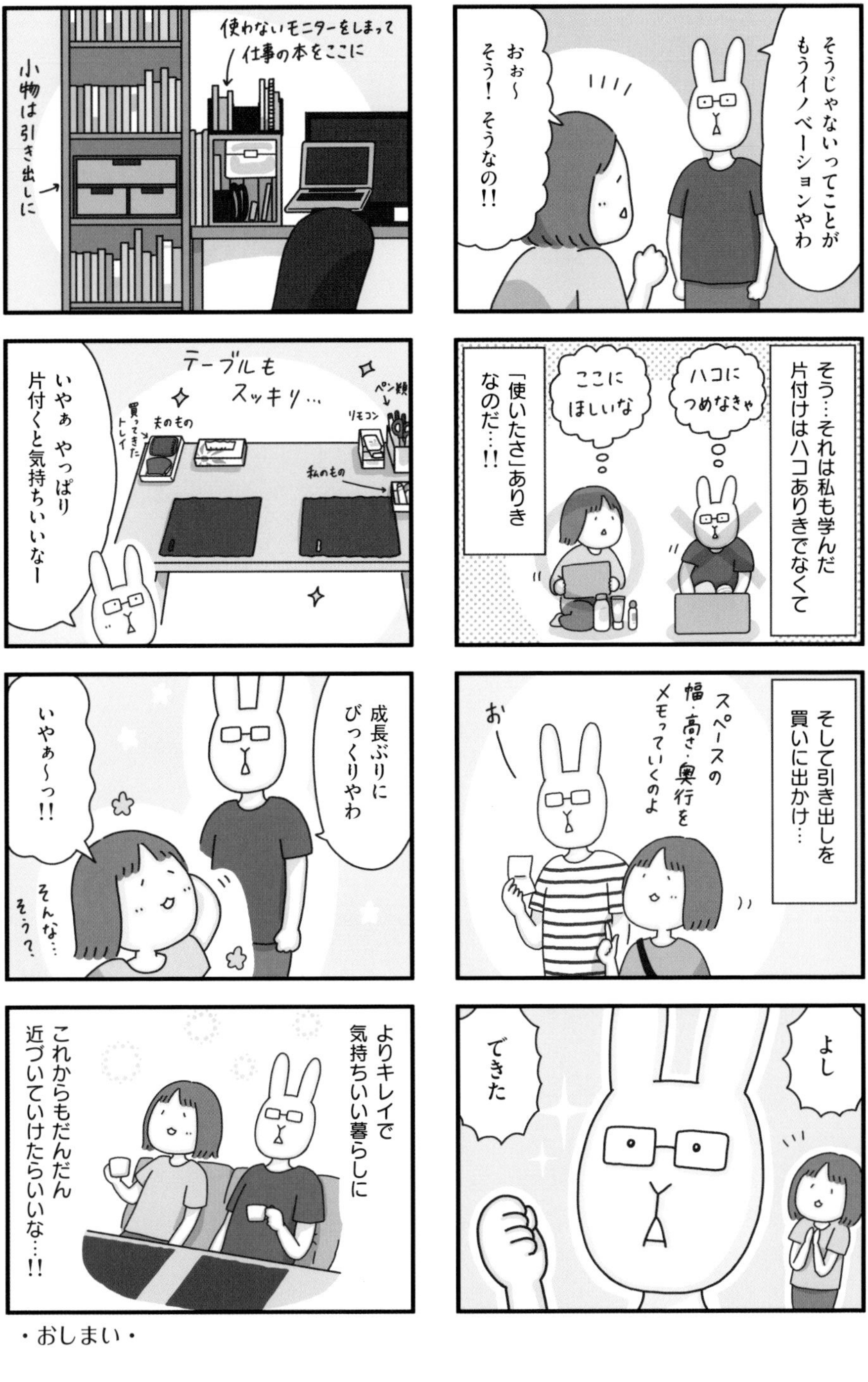
そうじゃないってことが
もうイノベーションやわ
おぉ〜
そう！ そうなの！！
そう…それは私も学んだ
片付けはハコありきでなくて
ハコにつめなきゃ
ここにほしいな
「使いたさ」ありきなのだ…！！
そして引き出しを買いに出かけ…
スペースの幅・高さ・奥行をメモっていくのよ
お〜
よし
できた
使わないモニターをしまって
仕事の本をここに
小物は引き出しに
テーブルもスッキリ…
買ってきたトレイ
夫のもの
ペン類
リモコン
私のもの
いやぁ やっぱり
片付くと気持ちいいなー
成長ぶりに
びっくりやわ
いやぁ〜っ！！
そんな…
そう？
よりキレイで
気持ちいい暮らしに
これからもだんだん
近づいていけたらいいな…！！

・おしまい・

Afterword　あとがき

「もう21世紀なのに、なんでスイッチ一つでモノが片付く装置が発明されてないんだろう…」

そう思っていた片付け下手の私。このエッセイはそんな私が、どうすれば部屋が片付くのかという「片付け勘」を身につけるまでのお話です。

片付け下手の特徴として、「きちっと棚に揃えなければいけない」「その為には置くものも整理しなければいけない」「そのためには性格も几帳面じゃないと…！」というふうに、登らなければいけない山のイメージが大きすぎて、手も足も出なくなっていた側面があったように思います。なんでこんなに辛いことをし続けなければいけないんだろう？と感じていました。

「サステナ片付け」では、箱を片付けるという小さな所から、モノの住所を決めるというシンプルなルールを徹底することで、少しずつ、モノを管理する感覚を掴んでいきました。大きな変化は、ちょっとしたスキマ時間に片付けられるようになったこと。今までは片付けなんて数日がかりの大仕事だったのに…！ 片付かない原因がとてもシンプルなこと（＝モノの住所が決まってない）だと分かったので、やるべきこともシンプルになりました。

片付け上手かというとまだまだですが、「そこそこ片付いてる」状態がキープできるようになっただけでも、私にとっては大きな進歩です。

この本が、片付け下手で「もっとこうしなければ…」にとらわれている方への助けになればいいなと思います。

最後に、素敵な企画にお誘いくださった編集の松田さん、新人の私を起用してくださったｋｕｆｕｒａの佐藤さん、そしてこの作品をお読みくださった読者の皆さん、ありがとうございます！ 心からの感謝を込めて。

コジマ マユコ

Before→After

ビフォー　アフター

083ページ　キッチンの流しの棚をサステナ

いつも目につくとこなので、「取り出しやすくしまいやすくスッキリ」したいところ。流しの下の棚も活用しつつ、置き場所をちょっと変えることでぐんと使いやすく。

097ページ　キッチンは高くて使いづらい吊戸棚もサステナ

▼

「ただ突っ込んだだけ」の状態から、いる、いらないを仕分けして、あまり使わないものを上段、たまに使うものは下段へ。モノは少ないコジマ家なのでスグにスッキリ。

103ページ　ごちゃつく玄関をサステナ！

脱ぎっぱなしの靴、出しっぱなしの古新聞などを徹底処分。自転車を屋内収納する場合は玄関出入りのしやすさは必須。たたきに靴がなければ、自然と靴箱にしまう習慣化に。

実録 サステナ

057ページ スチールラックをサステナ！

生活用品をとりあえず突っ込んでおいたスチールラック。中身を取り出し仕分けして、紙袋を再利用した収納でお片付け。実家っぽい布で目隠しにも成功。

063ページ 出しっぱなしのゴミ箱をサステナ！

ワイルドな丸出し方式だった空き缶を、大容量のゴミ箱を投入することで解決。ゴミ箱はサイズに合ったできるだけ大きなものをケチらず投下するのがよい。

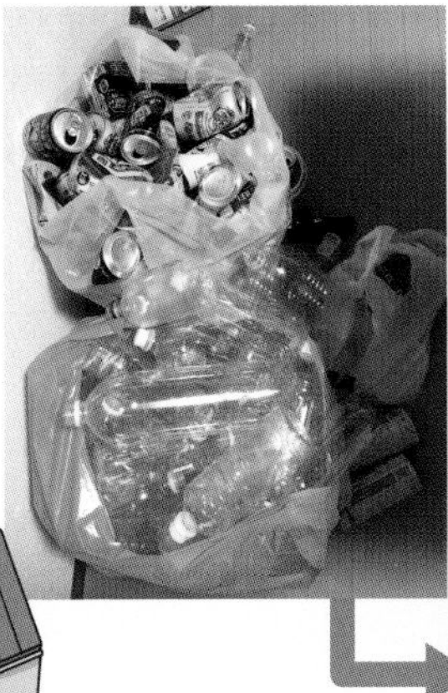

サステナ片付け できるかな?

2021年12月5日　初版第一刷発行

著　者　コジママユコ

発行者　村上孝雄

発　行　株式会社小学館
〒101-8001　東京都千代田区一ツ橋 2-3-1
TEL　編集　03(3230)5399
販売　03(5281)3555

印刷所　凸版印刷株式会社

製本所　株式会社　若林製本工場

ISBN 978-4-09-310699-3

初出：kufura
2020年11月～2021年7月に連載
20話は描き下ろしです

ブックデザイン
坂野弘美

担当編集
佐藤明美（kufura）

書籍編集
松田紀子

DTP
田中貴子（アトリエアーク）
昭和ブライト

制作
宮川紀穂

販売
斎藤穂乃香

宣伝
阿部慶輔

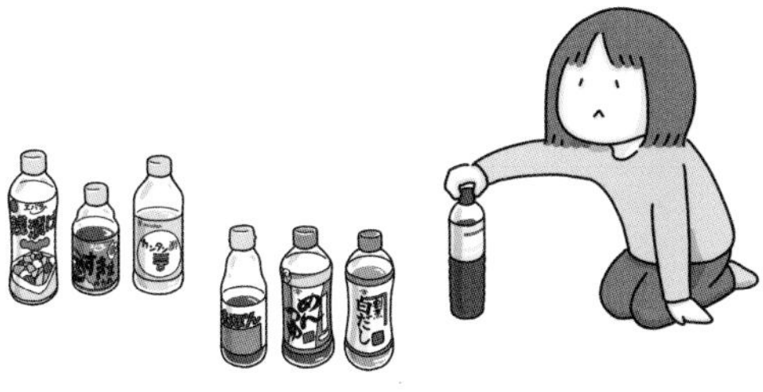

お読みいただき
ありがとうございました!